悪の中国皇帝論

塚本青史

覇権を求める暴虐の民族DNA

ビジネス社

JN168604

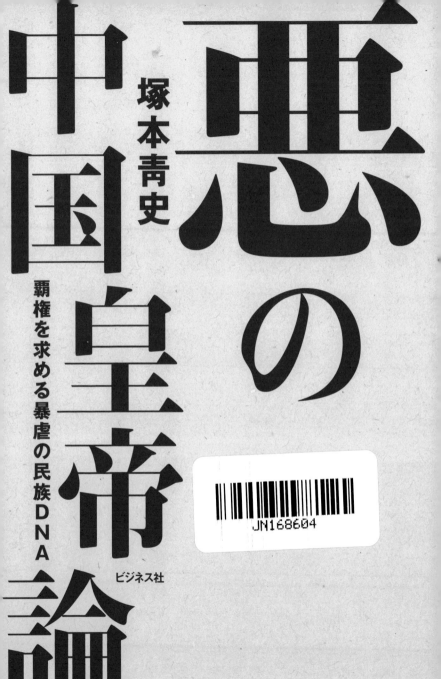

まえがき

最近の中国で、特に女性が公衆の面前で全裸になる事件が頻発《ひんぱつ》しているらしい。ショッキングなニュースの情報源は、ネットのコラムである。不可解な行動の理由として、過激な自己主張（顕示）が挙げられている。

一例を紹介しよう。

ある女性は恋人にブランド物を強請《ねだ》って断られた途端《とたん》、人目も憚《はばか》らずストリップよろしく一枚一枚脱ぎだした。それに困った男性は、彼女の剣幕に押されて仕方なく要求に応じたという。また別の事例では、七夕《たなばた》（中国では情人節といい、恋人同士が寄り添う）の日に、やはり男性とトラブルになった女性が、昔懐かしいストリーキングのごとく、全裸で大通りを駆け抜けていった。

ところで、これらとは一線を画するかもしれないが、長距離列車で三十時間以上も揺られて、ようやく目的地の安徽省合肥《あんきがっぴ》に着いた女性がいる。彼女は改札を出て間もなく、服を脱ぎだした。その写真が、ネットに大きく掲載されていた。

一方、広州市の路上では、歩いていた女性がやはり突然服を脱ぎだしている。事情を聞いてみると、彼女は妊娠五、六カ月だったとあった。

これらは、情緒不安定が原因らしい。

しかし、裸になれば安定が図れるのだろうか？　できるかどうかは別として、とにかく中国では、無闇に裸体を晒《さら》す騒動が起こっているようだ。それも、今紹介した事例だけでは決してない。また、一方的に女性だけに限ったことでもないと聞く。

日本では、このような事件はあまりない。無論皆無ではなかろうが、あればそれらは人騒がせな悪戯《いたずら》か、精神疾患の類《たぐ》いとほぼ相場は決まっている。

いや、そういえば、付き合っている女子大生に拗《す》ねられた大学教授が、愛情の確認を迫られて、仕方なく裸になったとのニュースがあった。事件は大通りではなく、キャンパスの路地で起きていた。

これなど世間の失笑を買っただけで、さすがに模倣《もほう》者は現れていない。その分、日本人はまだ健全なのだろう。かといって我々の常識から見て、自己表現を裸体に託する中国人を、理解不能な隣人と断ずるのはやや早計に過ぎよう。

これらがニュースになること自体、中国でも最近の一般人の行動としては、特筆すべきできごとと捉《とら》えているのが判《わか》る。

その原因も、さまざまに憶測できる。

共産党政権下では、黙っていれば不特定多数扱いの十把《じっぱ》一絡《ひとから》げにされる。つまり、それは損害を蒙《こうむ》ることを意味する。例えば行儀よく並んで順番を待っていると、目的の物が寸前で途切れて貰《もら》えなくなる。

それゆえ希望を通すために、彼らは声を大きくして、決して並ばなくなったのだ。それでも、皆が皆押しあい圧《へ》しあいで大声を出せば、それ以上に注目を浴びる方法を模索し始める。その結果、大袈裟《おおげさ》な身振り手振りが加わったようだ。

しかし、その効力も次第に薄まって、最後の足掻《あが》きとなる。そこで登場したのが、裸体になるパフォーマンスではなかろうか？　しばらくようすを見ていれば、麻疹《はしか》のような一時期の流行か、中国人の本質に関わるものかどうかが判るだろう。

それにしても、お隣の中国とはいったいどのような国であり民族なのだろう。

遠い昔、我々日本人の祖先はかの国から紙の製法を学び、文字を教えてもらった。それを使って、さらに法律などの文化を取り入れ、都市計画を模倣して平城京や平安京を建設したのだ。それは、ほとんどの日本人が知っている文化吸収の事実である。

当時の中国は紛れもなく、世界に冠たる一等先進国であった。東アジアの誇りでもあった。ゆえに我々は中国の古典に対し、一定の尊敬《リスペクト》の念をもって接している。加えて世界史の教科書でも中国史に頁《ページ》を割いているし、高校では漢文があり、現代国語では中国発祥の故事成語も学習しているのである。

だが、今の中国を我々はいかに見ているだろう。先ほど述べた不可解さもさることながら、食をはじめとする素材や製品の質が低下していたり、不良ではないかと不審の念を抱くことが多い。

また、人権や著作権、商標登録、いや、それどころか国際法の概念すらも理解できず、軍事拡張と拝金主義の横行した危険な国にしか見えないのだ。

それはかつての大いなる文化先進国とはほど遠い、モラルハザードを来《きた》したイメージが強い。だが、一言で正体を述べることができるような簡単な国でもない。また別の見方をすれば、中国の成長は黄色人種の地位向上になっていくかもしれない。それはそれで、日本にも還元される利点とも言えよう。

それを解明するため、歴史的な角度から検討を加えてみたのがこの一冊である。そう思って読んでいただけることを期待したい。

悪の中国皇帝論◉覇権を求める暴虐の民族ＤＮＡ——目次

第一章　酒池肉林——皇帝を堕落させた悪女の系譜

悪の権化にされた桀王《けつおう》と紂王《ちゅうおう》

「巨大な池を掘って酒で満たせ」

「そこへ、船を浮かべてちょうだい。わらわと主上が、いっしょに遊びますゆえ」

「そうだ。さあ、料理もふんだんに揃えて、おまえたちも飲んで歌うがよい」

帝王と愛妾《あいしょう》の言葉に、並みいる群臣も、お追従《ついしょう》の笑いと歓声をあげていた。

酒池とは文字どおり、宮殿の近くに大きな窪地《くぼち》を掘って、そこへ大量の酒を流し込んで満たしたものだとされる。遊覧船まで浮かべる趣向となると、その量たるや、東京ドーム何杯分と数えるほどもあったのだろうか。

また、別の資料によれば、醸造の過程でできた酒粕《さけかす》で山を築いてもいるらしい。

それが、酒池の背景である。

ならば、肉林とは何であろう？

きっと、妖艶《ようえん》な裸体の美女たちと言う向きが多かろう。それは、当たらずとも遠からずである。しかし、ここでは肴《さかな》としての豚肉というほうを正解としよう。

中華料理ではメニューの「青椒肉絲《チンジャオロウスー》」でも解《わか》るごとく、ただの「肉」は食材としての豚（猪《いのしし》も含む）を指す。

したがって肉林とは、宮殿の天井から垂《た》れ下がったり、酒池の岸辺に串刺しにされた無数の豚肉である。腕に縒《よ》りをかけて調理されていることは、言うまでもない。

それは別名、「肉山脯林《にくざんほりん》」とも呼ばれた豪華な料理で、それらが供せられた連日の宴《うたげ》が「長夜《じようや》の飲《いん》」と言われるものだ。

無論、裸体の美女たちも、周囲に多く侍《はべ》っていたことは想像に難《かた》くない。

男女を裸にして追いかけ回させたと、司馬遷《しばせん》の『史記《しき》』には記されている。そうなると、ただの飲食だけではなく、性風俗紊乱《びんらん》の極みとも言うべき乱交の様相を呈してくる。このような状況が垣間見《かいまみ》えてくるのは、国家が爛熟《らんじゆく》期から頽廃《たいはい》期に入った証左でもある。

夏の桀王《けつおう》や殷《いん》の紂王《ちゆうおう》が君臨していたのが、ちょうどそのような時期であったようだ。ただ、この二人は時間的に四百年ばかり隔《へだ》たっている。桀王は紀元前一四〇〇年頃で、紂王は前一〇三〇年頃とされている。

その二人が並び称されるのは、夏と殷の最後を飾った国家元首というだけではなく、愛妾に溺《おぼ》れて贅沢三昧《ぜいたくざんまい》に遊び惚《ほう》け、祭祀《さいし》を途絶《とだ》えさせ、政《まつりごと》を忘れて重税を課し、ついには反乱が起こって諸侯に誅殺《ちゅうさつ》される暴君としての末路が、判で押したごとく酷似《こくじ》していたからである。

夏は紀元前二〇七〇年頃、聖王の誉《ほま》れも高く治水の名人と謳《うた》われた、禹《う》の建てた中国最古の国とされている。彼は、先々代（堯《ぎょう》）や先代（舜《しゅん》）の禅譲《ぜんじょう》（仁徳の高い人物に位を譲ること）ではなく、血統による世襲で王位を嗣《つ》がせた。そのため、最後に出来損《できそこ》ないで邪知暴虐《じゃちぼうぎゃく》な君主が現れたことになる。

政が大いに乱れたから、それを正すべく湯王《とうおう》が桀王を討った。それゆえ国名と王家の名字も、夏の姒《じ》姓から殷の子《し》姓に変わったのである。これを『易姓《えきせい》革命（帝王の姓を換えて、天命を改めること）』と呼ぶ。

地上の帝王は、天におわす帝王（天帝）が、子として地上へ正しい政をするため遣《つか》わせるという考え方だ。だから皇帝を、天子《てんし》とも呼ぶのである。

この思想は、これ以降の中国の王朝交代劇に付いて回ることになる。

日本の天皇は万世一系で、その時々の権力者たちも、取り敢《あ》えず天皇を尊《とうと》び、形式的にせよ国家の要《かなめ》として元首に据《す》えていた。まさに、そこが我が国と中国との、権力構造の根本的な違いである。

殷も、この後四百年近くつづくが、最後の紂王が桀王の二の舞をして周《しゅう》の武王《ぶおう》に滅ぼされることになる。

この二人、桀王と紂王の共通点を見ていこう。まず、双方とも征服地から愛妾を迎えていることが挙げられ、酒の池に船を浮かべたこともしかりである。また、行いを諫《いさ》めた諸侯を拘留《こうりゅう》（桀王は湯を、紂王は西伯昌《せいはくしょう》＝後の周の文王を）して、その当人や息子に討たれている。

だが、詳細を調べれば、この二人はそれぞれに差別化できる。

夏の桀王の度を過ぎた享楽が、前述の「肉山脯林」で、彼は有《ゆう》施《し》氏を討って美女の妺喜《ばっき》を得たのである。彼女の趣味は、絹を裂く音を聞くことで、「裂帛《れっぱく》の響き（贅沢を極めた愚行や無駄の意）」で満悦の境地に達したらしい。

司馬遷著『史記』にも、桀王は徳を修めず武力をもって百官を傷害したとある。

一方、殷の紂王は佞臣《ねいしん》（君主にへつらう臣下）の尤渾《ゆうこん》や費仲《ひちゅう》を重要視した。彼らが主人の機嫌取りのため催した宴会が、「長夜の飲」と呼ばれたのだ。

また、紂王が有蘇氏《ゆうそ》から妲己《だっき》を贈られると、彼女にも迎合した。彼女が好んだのは、「炮烙《ほうらく》の刑」である。これは、竪穴《たてあな》に熾《おこ》した炭火を詰めて置き、その上に渡した銅の橋を罪人に歩かせるというものだ。

佞臣たちは彼女の希望どおり油を塗って滑りやすくしたため、業火に身を焼く者が続出したという。これは現在でも、残虐刑の代表として語られる。

『史記』では桀王よりも紂王の方に詳しい描写があり、彼は弁舌が爽《さわ》やかで敏捷《びんしょう》で、頭脳も明《めい》晰《せき》だったという。知恵で諫言《かんげん》を塞《ふさ》ぎ、言葉は非行を飾り立てたとまである。

これならば、英邁《えいまい》な君主の素質も窺《うかが》えるではないか。そこが桀王との、唯一の大きな違いである。

中国の歴史改竄《かいざん》は、ここから始まった

さて、これら夏と殷の事跡をじっくり分析すれば、ある違和感に襲われるが、自《おの》ずと答えは容易に察しがつく。おそらくは、周の時代に脚色されたであろうということだ。

中国の歴代国家は、すべて前の朝廷を否定することで、自己政権の正当性をありったけアピールする。そんな法則があるゆえ、簡単に偽装が判るのだ。

最も卑近《ひきん》な例が現在の中国共産党で、彼らは大陸へ侵攻した日本軍を追い出した実績を強調して、全土の統治権を主張している。

だが、実際に日本軍を撃退したときの主力は蔣介石《しょうかいせき》の国民党軍で、現在の共産党は八路《はちろ》軍として末端の組織であったに過ぎない。後に彼らが国民党軍を大陸から追い出して、すべての手柄をちゃっかり共産党のものにしたのは周知だ。そして、おこがましくも「日本軍から領土を奪還した」と叫びつづけている。

北京や上海のホテルでテレビのスイッチを捻《ひね》れば、幾つかのチャンネルで必ず抗日戦を描いた番組が放映されているのも、その余祿に他ならない。

これは、かつての日本軍の悪辣《あくらつ》さを倍増して、共産軍が勇敢に戦っているふうに脚色されている。筋書きは十年一日のごとしで荒唐無稽《こうとうむけい》なこれらの番組は、自らの政治的な失策や国民の不満を、ことごとく日本へ向けさせようとする非常に幼稚で刹那《せつな》的な手法である。

さすがに紅二代《こうにだい》と呼ばれる現在の指導者層の二世たちは、無闇に程度の低い抗日番組はかえって恥晒《はじさら》しだとの批判を強めている。

このようなことでは、大気汚染も上下水道の不備も官僚汚職問題も解決しないからだ。日本側、いや、自由主義圏から言えば、人権や著作権の侵害も含めたく思う。

まさに、現代までつづく「三つ子の魂」だが、殷に取って代わった周こそが、後日の征服王

殷時代の都城遺跡「殷墟」から、大量の文物が出土している（beibaoke/PIXTA）

朝の見本を示していたようだ。司馬遷すら、『史記』の記述でそれを踏襲しているのは、周の喧《けん》伝《でん》が何百年にもわたって、いかに行き届いたかを如実《にょじつ》に物語っている。

周の歴史改竄《かいざん》は、殷墟《いんきょ》（河南省安陽市）で発見された甲骨《こうこつ》文字の解読からも裏付けられている。

紂王というのは諡《おくりな》（死後、家臣や次の朝廷から贈られる名）で、紂とは義に欠けて信を損《そこ》なう意である。周が彼の暴君振りを声高に叫んで付けたと、そこでも裏付けられる。

生前の彼は、帝辛《ていしん》（辛は干支《えと》のかのと）と呼ばれていた。甲骨文字の文献はそれだけでなく、業績をさらに詳《くわ》しく語っている。

それによると、彼は祭祀での人身御供《ひとみごくう》をやめさせたとされている。思想的には、先進的だったことになろう。だとすれば酒池も、これまでにない簡素化された祭祀の儀式で、地面に穴を掘って地の神に酒を注いだだけかもしれない。炮烙の刑とされている無慈悲な竈《かまど》も、実は天の神へ焼いた肉を供《そな》えるための、大きなグリルだったと解釈できるではないか。

古式を否定して斬新《ざんしん》な祭祀（政）を始めた帝王は、周囲から疎《うと》まれたはずだ。つまり、これまでどおりの既得権が有効に機能しなくなって、困った者たちが多く出たのだろう。彼らは、寄《よ》って集《たか》って帝辛を滅ぼした。

案外、そのようなことが真相かもしれない。いや、文献からは、そう考えるのが合理的ではあるまいか。

そこで周（王室の名字は姫《き》）は、帝辛の殷を滅ぼしたことを、庶民に説明して正当化する方法を考えた。そのためには、帝辛を悪人に仕立て上げるのが一番の方策だったのだ。

いや、ただ、それだけでは信憑性《しんぴょうせい》が低くなる。だから、伝説の夏の国にも、実は桀王が同様な悪事を働いたことにしたのだ。ちなみに、桀とは、凶暴なことであり、四肢を引き裂く刑罰をも意味している。

紂王と肩を並べる桀王を創作したので、「酒池肉林」に対する「肉山脯林」があり、妲己の「炮烙の刑」に対して妹喜の「裂帛の響き」が付け足されたのだ。これらは一朝一夕になされたのではなく、順次都合よく付け加えられていったと考えるべきだろう。

こういった理由から、桀王と紂王二人の事跡はよく似ているのだ。


さて、周の武王が殷の紂王を滅ぼそうとしたとき、父の文王が死んで、まだ葬《ほうむ》っていなかった。それを伯夷《はくい》と叔斉《しゅくせい》の兄弟が、勇を奮《ふる》って諫《いさ》めている。

「それでは親への孝行や、人としての仁愛に欠けましょう」

側近は血気に逸《はや》り無礼討ちにしようとしたが、太公望《たいこうぼう》が助けたと『史記』にある。

一方、紂王が炮烙の刑を行うと、比干《ひかん》が「無体である」と諫めた。

「儂《わし》に意見できるのは、聖人だけだ。聖人の心臓には七つの穴があるという。ならば、確かめてやろうぞ！」

こう言うと、紂王は比干の心臓を抉《えぐ》り出したという。また、大臣だった九侯《きゅうこう》と鄂侯《がくこう》は、謀反を疑われるや否や、前者は塩辛《しおから》に後者は乾肉《ほしにく》にされたという。殺された挙句、身体（人肉）を食物にされたのである。

カニバリズムと聞くと、日本人には驚くべき食材だと思いがちだが、近世までの中国人の人肉食に対するハードルは、想像するよりも意外に低い。これは後にも、たびたび言及することになろう。

とにかく、同じ諫言《かんげん》ではあっても、殷の紂王と周の武王とでは、取って付けたように対照的で、態度の違いが際立っている。

話は相前後するかもしれないが、紂王が象牙《ぞうげ》の箸《はし》を使い出したとき、その行く末を箕子《きし》が懸念した。

「こうなれば、器も陶器ではなく、碧玉《へきぎょく》を使うとなり、そこへ盛る料理も、山海の珍味でなくては気がすまなくなりましょう。贅沢《ぜいたく》には、もう限りはありませぬから」

これは、現代の中国にも通じる。

改革開放で金満家が増えた中国人は、こぞって象牙や犀《さい》の角、赤珊瑚《サンゴ》などを買い漁っている。このためアフリカの貧民が象の密猟に手を染め、アフリカ象や白犀が絶滅危惧種の仲間入りをし始めた。

赤珊瑚に関しては、中国漁船が小笠原の日本領海内で、恥ずかしげもなく違法操業していたことが記憶に新しい。

話を箕子の忠告へと戻す。

だが、紂王は聞く耳など持たない。ちらっと箕子を横目で睨《にら》んだだけだった。それは、無礼討ちを予告するような視線だった。だから、嬲《なぶ》り殺しを恐れた箕子は、気が触れた振りをして、奴隷に身を窶《やつ》したらしい。

一方、殷を滅ぼした後、周の武王の周辺には、彼に取り入ろうと諸侯が連日連夜押し寄せてきた。そこで貯《た》まるのが、進物の数々である。珍宝や美女は、殷の紂王の二の舞になるとして寄せ付けなかったが、彼は異国の犬に興味を示したらしい。

こちらは、召公《しょうこう》が諫言する。

「奇獣も珍宝や美女と同じで、弄《もてあそ》べば志を喪《うしな》いますぞ」

これこそ「玩物喪志《がんぶつそうし》」の故事である。高ずれば「病膏肓《やまいこうこう》に入る（熱中し過ぎて、周囲が見えなくなる）」ことになるのだ。

ここにも意図的な殷（紂王）と周（武王）の比較が露骨にある。諫言を肯《き》かぬ紂王（暗愚）と、冷静に肯き分ける武王（英邁）という構図だ。それは、武王以後に現れる周の暴君暗君をも、微妙に隠そうとしているかのようだ。

周の権威を保つための苦肉の策

周の武王から数えて十代目の厲王《れいおう》は、佞臣を重要視して暴政を行った。これも紂王に似ているが、逆に同じ形態を紂王に擦《なす》り付けたとも考えられよう。

また、十二代目の幽王《ゆうおう》は美女の褒姒《ほうじ》の虜《とりこ》になった。彼女は笑わないことで有名な女だった。

それなら、一度は笑わしてみたいというのが、男の心理であろう。

そこで絹を裂くと、その音に反応してふっと笑ったらしい。幽王は、しめたとばかり次々に絹を持ち込んだ。だが、ついには笑わなくなった。

この逸話は、「裂帛の響き」で触れた夏の妹喜とまったく同じである。勘繰《かんぐ》らずとも、褒姒の話から遡《さかのぼ》って妹喜が作られた嫌《きら》いがある。その証左に、褒姒に関しては、次の狼煙《のろし》の逸話がメインになっている。

幽王は、申后《しんごう》（正妻）や太子宜臼《ぎきゅう》を廃して褒姒を正室にし、彼女との間にできた伯服《はくふく》を太子にしている。それでも、褒姒は一向に笑顔を見せず、幽王は為《な》す術《すべ》なくほとほと焦っていたようだ。

ところがあるとき、誰かが驪山《りざん》の物見台から狼煙《のろし》を揚げた。それは、異民族が攻めてきたとき、都を守るために諸侯へ急を知らせるための合図だった。

「申しわけございませぬ。竜巻の砂塵《さじん》を騎馬民族の部隊と見誤ったよしにて」

「馬鹿者！」

幽王が家臣を怒鳴りつけようとしたとき、期せずして褒姒が大声で笑っていた。それは楼閣の最上階から響いてくる。幽王は、何事かと彼女のそばへ行ってみた。

「あの慌《あわ》てようったら、ございませぬわね」

一大事と思い込んで部下を引き連れ、駆けつけてくる諸侯を見て、彼女はいつになく無邪気に笑っていたのである。

確かに、甲冑《かっちゅう》を纏《まと》った物々しい武人が何千人も集まって、戦う相手がどこにもいなければ、滑稽《こっけい》の極《きわ》みである。

だから、褒姒は笑ったのだ。

これは動物生態学の学習にも似ているが、幽王も彼女の笑いの条件を飲み込んだのである。それゆえ、暇さえあれば驪山から狼煙を揚げさせた。二度目や三度目にも、ほぼ全部の諸侯が完全武装の部下を従えてやってきた。

そして、また褒姒も笑っていて、幽王も御満悦だったのだ。

だが、四度五度と回を重ねるにつれ、諸侯も嫌気がさして緊急性を疑いだした。遠方の諸侯は、ただ斥候《せっこう》だけを出してようすを見に行かせるに留め、さらに遠くの者らは狼煙が見えぬことにした。

こうなると、重装備で駆けつけるのは近隣の諸侯のみとなり、十回以上も誤報に振り回されると、もう誰も来なくなった。これは一大事であるが、幽王にとっては褒姒が笑わなくなったことのほうが問題だった。

こうして幽王が政を疎《おろそ》かにしている間を狙い、陰謀は進んでいたのだ。幽王に廃されていた申后の父申公は、申一族を中心に、周に不満を託《かこ》つ諸侯らと連携を深め、異民族の犬戎《けんじゅう》と手を結んで反乱を起こした。

紀元前七七一年、遊牧騎馬民族が都の鎬京《こうけい》へ向かってきたので、驪山からは狼煙が揚げられた。だが、もう諸侯の援軍は一切なかった。『イソップ物語』の「狼が来た！」と叫ぶ少年と、同工異曲《どうこういきょく》のラストシーンである。

こうして幽王は、因縁の驪山で殺害された。また、褒姒は幽王と一緒に殺されたとも、自害したとも、犬戎に連れ去られたとも諸説ある。とにかく、王后としては生涯を全《まっと》うできなかったようだ。

彼女に関しては、奇妙な出生譚《しゅっしょうたん》が伝わっている。『史記』によると、夏の時代、宮廷に現れた竜の口から出た泡を仕舞った函《はこ》が、殷から周に伝わり、暴君の厲王がそれを開けると、泡が宮廷へ溢《あふ》れ、中から蜥蜴《とかげ》が出てきたという。

それに宮仕えの少女が触れ、十五歳になって夫もなく妊娠し、女児が生まれた。だが、それを捨て子にした。

当時、「山桑《やまぐわ》の弓と、箕《き》（木の名）の箙《えびら》が周を滅ぼす」との流行歌があったらしい。ちょうど、それらを売っていた夫婦があり、時の宣王《せんおう》は二人を捕らえて処刑しようとした。

二人は這々《ほうほう》の体《てい》で逃げ、途中で捨てられた女児を拾って褒《ほう》の国へ隠れた。その後、褒の君主が周に対して罪を犯したので、贖罪《しょくざい》に送り込んだのが、成長した女児であった。

彼女こそ、姒と名付けられた褒姒である。

こうして考えてみれば、夏朝廷の姒姓も頷《うなず》ける。大局を見れば、因果応報《いんがおうほう》の逆バージョンである。傾国《けいこく》の美女である褒姒の性格や嗜好《しこう》から、きっと妺喜や妲己の姿が描き出されたのであろう。

そのうえで妺喜の因果が、妲己を透かして周王朝へ褒姒の形を借りて禍《わざわい》を持ち込んだとしたのだ。そうすれば、周の衰退は遠い夏や殷のせいにできるからだ。

そのようなことにして、この後どうなるのか？　それは、一旦滅びかけた周の後日談にある。都の鎬京《こうけい》を追われた周の一族は、渭水《いすい》盆地（現在の西安周辺に当たる渭水流域）を離れて洛陽《らくよう》（河南省）へ遷都《せんと》した。

王位には、申公が擁立《ようりつ》した幽王の息子（宜臼《ぎきゅう》）が即《つ》く。これが平王《へいおう》である。彼はまた、廃位された申后との間にできた元太子でもあった。これで、褒姒が現れる前の状態に復したわけだ。

以降、前五世紀後半から始まる戦国時代までが、いわゆる春秋《しゅんじゅう》時代である。

この時代の特徴は、周の国家的実力は落ちていくが、権威だけは残っていたことである。そのため、諸侯はまだまだ周の威光を精神の拠《よ》り所《どころ》にした。

ゆえに周としては、遷都の原因を作った褒姒を、妹喜や妲己と同格の、いや、それ以上の徹底的な毒婦に仕立てる必要があったのだろう。それこそが、彼女の奇妙な因縁話に彩《いろど》られた出生譚として表れているのだ。

そのうえで、夏の桀王や殷の紂王は、相乗効果で暴君にされ、幽王は騙《だま》されて政を誤ってしまった気の毒な皇帝となるのだ。

このことは、以前にも増して周が声高に叫ぶことになる。

「周の遷都は夏の祟《たた》りである。純真無垢《むく》な幽王は、妹喜の再来である毒婦の褒姒に誑《たぶら》かされたのだ。われらはこれを成敗して、新たな都洛陽で再起を図る。皆のものは、正当を嗣いだ平王に力を貸してくれるように！」

これが、軍事力も経済力も低下していた周王室の、権威を維持するための最後の恃《たの》みだった。

この要請は、いわゆる「春秋五覇《しゅんじゅうごは》」に受け継がれた。斉《せい》の桓公《かんこう》や晋《しん》の文公らは、彼らの軍事力や経済力で周の権威を笠に着て、全土に号令をかけたかったのである。

そのようすは、経済成長を遂げて軍事費拡大を実現させた中国が、南シナ海の南沙《スプラトリー》諸島の一部を埋め立てて、周辺の東南アジア諸国に睨みを利かせようとしている姿と重なってくる。

それは、世界情勢を普通に見ている者ならば、誰にも同様に映るであろう。

春秋時代においては、孔子の弟子で慧眼《けいがん》の持ち主の子貢《しこう》は、周が創作した歴史の本質を見抜いていた。

「紂王の悪行《あくぎょう》は、世間で言われているほどではは、なかったでありましょう」

彼のこのような発言は、『論語』にも記されている。

第二章　不老不死——「死」を超克しようとした始皇帝《しこうてい》

漢方薬は人体実験の集大成

「歳《とし》を取らずいつまでも若々しく生きつづけることなど、できるわけがなかろう」

これは冷静な意見だが、久遠《くおん》の理想を追う前から諦《あきら》めては一種の敗北主義だ。かといって全身全霊をかけ、不老不死に効くという仙人の妙薬（仙薬）の探求に、半生を費やすわけにもいくまい。

いや、何を隠そう。それに血道を上げたのが、晩年の始皇帝だったのだ。

西洋人が冀求《ききゅう》してやまなかったのは錬金術だが、中国（東洋）で追い求める見果てぬ夢の対象は不老不死である。

　不老不死の思想は、無為自然を標榜《ひょうぼう》する道家《どうか》思想の一部と思われる。それなら、始祖の老子《ろうし》や荘子《そうし》へ遡《さかのぼ》ると思われがちだが、すでに述べたごとく、もっと以前から概念はあったようだ。

　また、道家と対立する儒家《じゅか》思想も、孔子《こうし》が集大成しただけで、習俗は殷の時代からあったと思《おぼ》しい。その証左は、前章でも引き合いに出した伯夷《はくい》と叔斉《しゅくせい》にある。

　周の武王が、父（文王）の葬儀をせず戦いに赴《おもむ》こうとしたとき、彼らが諫言《かんげん》したことで判《わか》る。

「それでは、親への孝行や、人としての仁愛に欠けましょう」

　この言葉は明らかに儒教概念であるが、道家思想の無為自然も、同様に早くから人々の心に巣くっていたはずだ。

　儒家と道家は、よく対立概念のように言われるが、決してそうではない。例えば、サラリーマンが月曜日から金曜日まで遅刻せず真面目に働くのは儒家思想で、土曜日と日曜日は休養を取り、人里離れた山中でのんびり遊ぶなどというのは道家のそれと言える。

　これは、双方の棲《す》み分け現象である。

　中国でもこのような形で、儒家と道家は両立してきたのである。そして、殷の時代においても、製薬の処理（殊《こと》に植物）にそれぞれの原型があったようだ。

　中国神話によれば、人間に薬草を教えたのは、神農《しんのう》なる神とされている。余談であるが、大阪市中央区道修町《どしょうまち》は、昔から薬問屋が多く、現在でも名だたる製薬会社の本社が軒を連ねている。

そこで毎年十一月の下旬に祭礼があり、それを町民たちは「神農祭《しんのうさん》」と呼んでいる。漢方薬が日本へ及ぼした影響が、このようなところにも散見できるわけだ。

薬草の処理というものは、考えてみるに厄介《やっかい》な作業である。まずは、さまざまな植物から花や実（果実）、茎（幹や樹皮）、葉、根などの部位を、晒《さら》す、炙《あぶ》る、茹《ゆ》でる、蒸《む》す、炒《いた》めるなどして、今度は粉末にしたり丸めたり、軟膏状に加工したりして、その範囲が果てしもない。

それらが何に効くかが判るためには、様々に根気よく患者へ試す必要があったろう。つまり、効能が判るまでには、幾千、いや、幾万もの臨床実験を経ているはずだ。主な実験の対象は、犯罪者や捕虜《ほりょ》、病気の奴隷たちであったろう。夥《おびただ》しい人体実験の凡例《はんれい》があったことは、決して想像に難くない。

こうして積み重ねられた記録は、門外不出の国家機密になったろう。また、内容は残酷で酸《さん》鼻《び》を極めたため、具体的に述べるわけにもいかない。それゆえ、すべては神農から教わったとして、庶民を誤魔化《ごまか》したわけだ。

周が殷を滅ぼしたとき、製薬方の一部は受け継がれたと考えるのが自然だ。

だが一方で、製法の一部を持ち逃げされたとも推量できる。亡命者の行き先は、追っ手の及ばぬ深山幽谷もあれば海外（日本）をも目指した。でなければ捕らえられ処刑される。

彼らが身を隠しながら薬草調合する姿こそ、俗世間から懸け離れた道家の隠遁《いんとん》生活に他ならない。いや、関中《かんちゅう》盆地（長安のある渭水《いすい》流域）や中原《ちゅうげん》（洛陽《らくよう》を中心とした一帯）に残った者たちからは、必ずやそう見えたはずだ。

薬草の研究は、切傷の血止めや腹痛の解消、消化と排泄の促進など、効能は実利的なものに決まっていた。不老不死と言わないまでも、強精や強壮もあったことだろう。これらは漢方薬として、現在でも確認できる。

漢方薬の素材は動物も鉱物もある。

熊胆《ゆうたん》（くまのい）は胃を健康にする薬として有名で、現代でも盛んに作られている。ただ、その過程はやや残酷だ。捕らえて狭い檻に閉じ込めた熊を、刃物で身体《からだ》を傷つけて刺激するのだ。当然、熊は怒るが、そのようなストレスを与えることで、有益な熊胆ができるという。

このような行為は動物虐待《ぎゃくたい》として欧米の非難を浴びているが、それなら鵞鳥《がちょう》にむりやり大量の餌《えさ》を与えて肝臓を肥大化させるフォアグラの生産も、五十歩百歩と言えよう。

一方、芫青《げんせい》（豆斑猫《まめはんみょう》の粉末）は人命に関わる劇薬である。また、硝石から作られる火薬は、燃焼の速さと強さが持《も》て囃《はや》され、爆竹へと進化していった。ところが、武器に転用されたのは、意外に遅く宋《そう》時代である。

　身分の頂点に立つ為政者は、まだ見ぬ薬剤に憧《あこが》れるものらしい。特に世がある程度安定すれば、深山で、あるいは海洋の孤島で、隠者が仙薬を発明してはいまいかと、常に思いを馳せたのだ。

　彼が探索命令を出すと、大臣や側近どもが口を酸《す》っぱくして言い募ったろう。

「あるはずなどございませぬ。そんな妙薬が本当にできれば、必ずや都へ売りに来ておりましょう！」

　彼らの言葉は一理あるが、薬の幻影に憑《つ》かれた王は、新たな理屈を考える。

「仙薬を会得した隠者は、赤松子《せきしょうし》（伝説の仙人）のごとく不老不死になる。そのような御仁が、俗世間の薬売りになるものか！」

　つまり、世を超越した存在になるから、人里離れた所に住みつづける。だから、その仙薬を得るには、仙人のもとへ行くしかない。それを最初に試みた王が誰だか記録は欠けている。だが、戦国時代には、斉の威王《いおう》や宣王《せんおう》が、部下に命じて仙薬を探させたと言われている。

　当然ながら泰山《たいざん》や労山《ろうざん》のような、霧が深い山は手を付けられたろう。恐らくは、噂を聞きつけた他国の王たちも似たような所行に及んだに違いない。

　だから、洛陽近郊の嵩山《すうざん》や秦の崋山《かざん》、楚《そ》の黄山《こうざん》、廬山《ろざん》、武夷山《ぶいさん》、峨眉山《がびさん》などは探索に次ぐ探索がなされたはずだ。だが、浮浪者然とした世捨人を見つけても、それが仙人であったためしはなかった。

こうして、中国国内の仙人や仙薬探しは下火になっていった。かといって、不老不死への憧《あこが》れが消滅したのではない。後日、この状況下で寝た子を起こしたのが、秦の始皇帝であったのだ。

徐福《じょふく》はペテン師だった

始皇帝は、名を嬴政《えいせい》という。家系図では、秦の荘襄王《そうじょうおう》（嬴子楚《えいしそ》）の長男になっているが、豪商呂不韋《りょふい》の血が入っているというのが定説である。

前二六八年、秦の悼《とう》太子が魏で他界した。このため弟の嬴柱《えいちゅう》が太子となった。件《くだん》の嬴子楚は、嬴柱の二十人いる息子の一人で、序列は中ぐらいであった。それゆえ、趙《ちょう》の邯鄲《かんたん》へ人質にやられていた。多くの中の一人ゆえ、重要人物とはされていなかったのだ。

ところが、そんな彼に目を付けたのが、豪商の呂不韋である。彼は嬴子楚のパトロンとなり、意のままに動かそうとした。それは、嬴柱の二十人の息子たちが、全員姫妾《きしょう》の子だったからだ。つまり呂不韋の狙いは、嬴子楚を正妻（華陽《かよう》夫人）の養子にすることだった。

呂不韋は金銭に飽かせて華陽夫人を籠絡し、彼女の親族も全員買収した。こうして、嬴子楚を嬴柱の嫡男にして、邯鄲から脱出させるのに成功した。

この間、一波乱あったのは、嬴子楚が呂不韋お気に入りの妾《めかけ》をくれとせがんだことだ。一瞬苦虫を噛《か》み潰《つぶ》す思いだったが、呂不韋は大事の前の小事と気を取り直して愛妾を渡した。しかし、このときに彼女の胎内には、すでに嬴政（後の始皇帝）が宿っていたのである。

このように説明すると、呂不韋の胤《たね》とされるのは、単に話を面白くするための脚色と思われがちだ。現在と違い、当時はＤＮＡ鑑定などない。

だが、それがなくとも嬴政が呂不韋の息子だと判った。それは、呂不韋がソグド人だったからだ。中央アジア（現在のウズベキスタン辺《あたり》）を根拠地とするイラン系の民族である。白人系統《コーカソイド》ゆえに、容貌から体型まで黄色人種《モンゴロイド》の漢民族とはまったく違う。

「鼻は高くて蜂のような格好、切れ長の目、猛禽《もうきん》のように突き出た胸……」

司馬遷は始皇帝の容姿を、そのように表現している。百年ばかりタイムラグのある彼がそのように筆を駆ったのは、特異な印象が語り継がれてきたからに他ならない。

始皇帝の運命は、父親とされる嬴子楚が太子嬴柱の養子になり、やがて嬴柱（孝文王《こうぶんおう》）が王位に即いて新年を迎えた途端、ものの三日で崩御したことで三段跳びに変化する。

嬴子楚も、太子とされてすぐに王位へ即《つ》くことになる。すると、嬴政が太子に立てられた。さらに運命は嬴子楚が三年後に崩御することで加速される。嬴政は十三歳で秦王となったのである。

このことは、呂不韋の深謀遠慮《しんぼうえんりょ》が、思いがけなく早まったことを意味する。彼は、嬴子楚が太子になり王になる時間を、十年単位で図っていたろう。その間に貢いだ金銭を十倍にして取り戻すつもりでいたのだ。

ところが呂不韋自身、一足飛びに宰相《さいしょう》の地位を得て、秦王の名代にまでなったのだ。元手は百倍、いや、一千倍にもなって返る勘定で、彼にとっては、まさに我が世の春がやってきた。

ここで呂不韋が見落としていたのは、嬴政の能力と言える。彼が思っている以上に、息子は聡明《そうめい》だったのだ。そして、王に相応《ふさわ》しい非情さも併《あわ》せ持ってもいた。

嬴政は、呂不韋が実父であることを百も承知で、いや、そうであるからこそ、蜀《しょく》（四川省）へ流罪にして自害に追い込んだ。

その後は韓非《かんぴ》の法家《ほうか》思想を信奉し、李斯《りし》の策を用いて周辺諸国をどんどん侵食していった。こうして前二二一年、中国に最初の強力な中央集権国家が誕生したのである。

ここで、嬴政は初めて皇帝という称号を用いた。それは、王よりも上のランクで、全世界に唯一人という存在である。そして国土を郡と県に分割し、行政の基本区画とした。もう、地方王など存在させず、すべては皇帝の直轄領《ちょっかつりょう》という考え方だった。それほど皇帝は偉大だと、人民に知らしめたのである。

また、懐王や昭王といった諡《おくりな》（崩御後、王の業績に対して贈られる名）を廃止した。臣下が君主を評価することを、無礼と怒ったのだ。代わりに、自分が皇帝の制度を始めたから「始皇帝」と呼び、以降を二世皇帝、三世皇帝にせよと命じた。

この強権さは、近世の絶対専制君主に近い。

最高の富も権力も手に入れた彼にとって、さらに熱望するのは絶対者として存在をつづけることだ。それは取りも直さず、身が不滅であることを意味する。そこに矛盾の始まりがある。つまり始皇帝の「始」は、当初述べた「二」にも「三」にも代えられないからだ。

こうなると強迫観念に囚《とら》われ、日々身が滅びることに怯《おび》えて過ごすことになる。

それを解消するためには、仙人から仙薬を貰《もら》うしかない。だが、どうすればいいのか判らない。そこで、クローズアップされたのが、方士《ほうし》という男どもであった。

彼らは仙術に通じており、仙人、すなわち不老不死になる過程にある存在だと売り込んだ。無論嘘で、実際には薬草の精製に詳しい修験者《しゅげんじゃ》で祈祷師《きとうし》でもあったに過ぎない。

中には手品のような小手先のまやかしや、大風呂敷を広げるアジテーターのような輩《やから》もい

始皇帝の陵墓近くから出土した「兵馬俑」（tongsan/PIXTA）

た。有り体に言えば詐欺師であるが、彼らは始皇帝に仙術を信じるよう、ここぞとばかり吹き込んだのである。
　始皇帝は、その仙術ならぬ詐術にあっさり嵌《は》まり込んだ。それは、神仙に惚《ほ》れ込んだ者の弱みであったろう。
　殊《こと》に取り入るのが上手《うま》かったのが、徐福《じょふく》という斉出身の方士である。斉は現在の山東省にあった国で、渤海《ぼっかい》や黄海《こうかい》に面している。方士は大波に面して修行したらしく、凪《な》いだ日には蜃気《しんき》楼《ろう》が見える。実際に現在でも、山東半島の蓬萊《ほうらい》県は蜃気楼の名所である。
　無論、現象のメカニズムなど、当時の人々は知ろうはずもない。「蜃」とは大きな蛤《はまぐり》とされている。海底から吐かれた貝の大きな息の泡が、海面でゆったり弾《はじ》けて楼閣を造ったとの理解である。

ただ実際に見えるのは、島であることが多かった。徐福は始皇帝に、それを仙人が住む蓬莱島だと信じ込ませた。

「霊場とされた山々の仙人たちは、すべてそこへ移ったと思われます」

徐福の言葉は、戦国時代の探索にもかかわらず、国内の深山幽谷で彼らが見つからなかったこととも符合する。

「ならば、そこから仙人を連れて参れ！」

「蓬莱島は海の上に見えてはおりますが、実際にあるのは海底の大蛤の中でございます。呼んでも聞こえませぬ」

「では、どうすればよいのじゃ？」

「大蛤が眠る所へ行き、仙人の好むものを差し出して機嫌を取るしかございますまい」

「好物とは何かな？」

「はい、仙人は歳を召されてますので、童男童女をお好みです」

「では早速、良家から掻き集めろ！」

始皇帝は仙薬欲しさに、徐福の言いなりとなった。そこで徐福は大きな船を何隻か用意して、童男童女三千人と五穀の種を満載し、大工などの職人らを乗せて出航していった。

表向きは仙人との交渉であったが、徐福の装備は植民もしくは小国の建設を思わせる。日本の鹿児島県いちき串木野《くしきの》市や宮崎県延岡市、佐賀県佐賀市、和歌山県新宮市、山梨県富士吉田市、そして八丈島に残る徐福伝説は、それを裏付けている。

始皇帝を凌駕《りょうが》した毛沢東の「坑儒《こうじゅ》」

始皇帝は、ただ黙って彼の帰りを待っていたのではない。全国各地を巡幸《じゅんこう》（皇帝が各地を視察旅行をすること）して、強力な中央集権国家ができたと、満天下に知らしめていた。これは国民に対して威厳を示すとともに、天帝や仙人へ自分こそ唯一無二の存在とアピールするためだったようだ。

都の咸陽《かんよう》にいても、彼はこの先々の運命や仙人に好かれる方法を、残った方士たちに諮問《しもん》しつづけていた。すると盧生《ろせい》なる方士が、『録図書《ろくとしょ》（未来を予言した書）』を奉《たてまつ》る。

そこには秦の運命が記されており、

「胡《こ》によって滅びる」

とあった。胡とは周辺異民族一般の意ではあるが、この当時は特に北方騎馬民族の匈奴《きょうど》を指した。

そこで彼らの侵攻を阻むため、万里の長城の修築が始まったのである。長城は戦国時代から燕《えん》や趙《ちょう》のものがあった。それらも、匈奴から自国を守るためである。

始皇帝はそれらを接合延長して、万里の長城にしたわけだ。彼の理由は燕や趙の君主と違って、結局は自らが仙人にならんがための権力誇示だった。

この他、驪山《りざん》の麓《ふもと》に自らの広大な墳墓を造営し始めた。これは不老不死と一見矛盾しそうだが、当時は生前から長寿祈願のため墓を造っていた。それを寿陵《じゅりょう》と呼ぶ。

この二つの徭役《ようえき》だけでも、庶民には青息吐息の負担である。無論、始皇帝はそんなことなど意に介さず、他にも離宮を百棟余りも造営した。中でも一番有名なのは阿房宮《あぼうきゅう》で、離宮と離宮は複道《ふくどう》（二階建ての廊下で上部が皇帝専用）でつながれていた。

彼がこのようにするのは、無論仙人から好意を寄せられたいからだが、まださらに好かれる方法を方士へ問い質《ただ》した。

「世間からだけでなく、大臣や官僚からも姿をお隠しなされませ。仙人は神秘的な存在に心を動かしますゆえ、そこで我らが仙薬をいただいてまいりましょう」

始皇帝はその言葉に従い、側近以外誰にも居所を知られぬようにした。これは進言した侯生と盧生の陰謀で、彼らは路銀の名目でせしめた金銭を持って宮殿から逃亡する算段をしていたのだ。

●秦朝時代

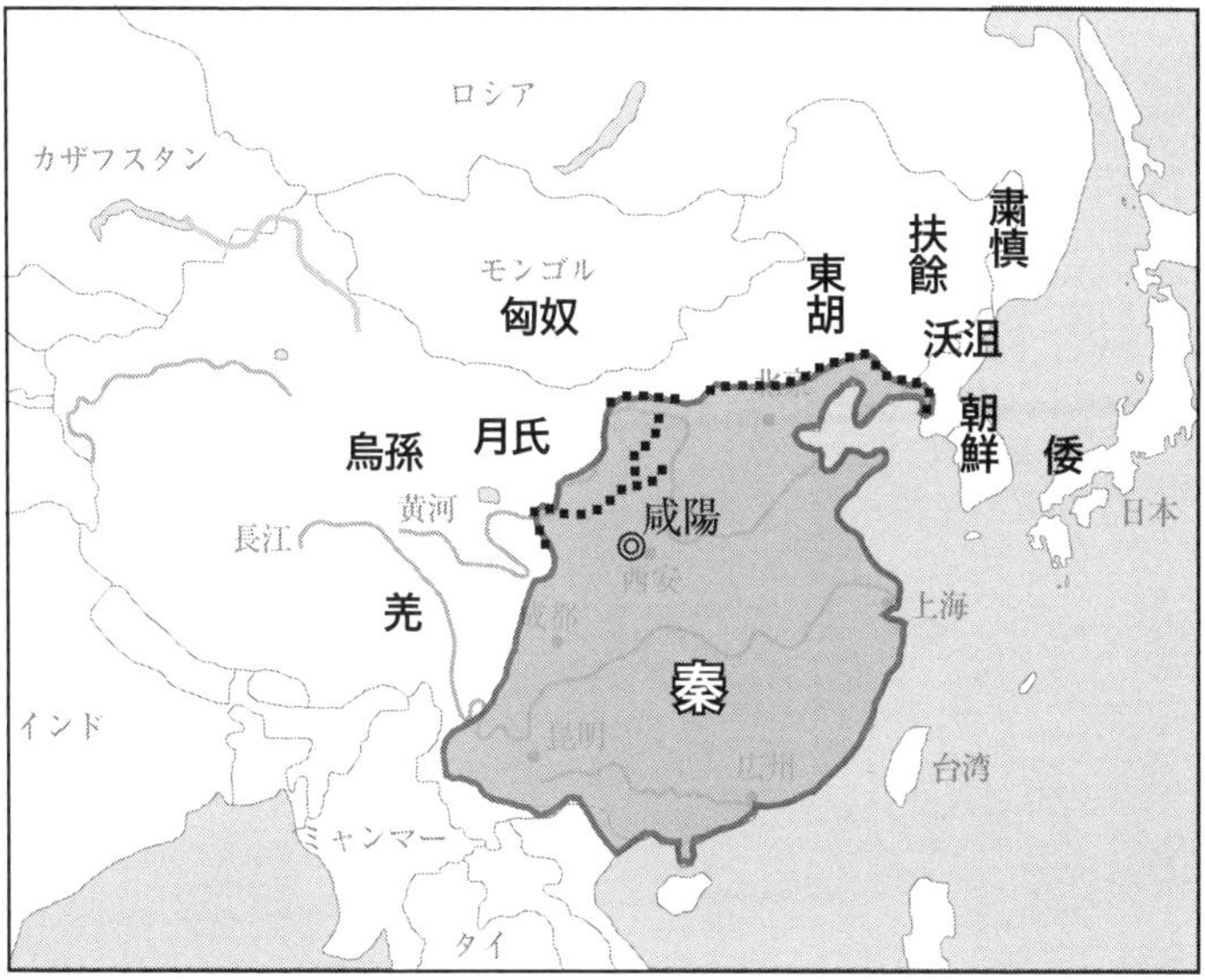

不老不死など端《はな》から偽りであったことを、彼らが一番知っていたわけだ。始皇帝の居場所が判らず、二人が逐電したことは、一月《ひとつき》余りも露見しなかった。それゆえ彼らは逃げおおせたらしい。

そこで割を喰ったのは、残された方士たちだ。彼らは生き埋めの刑にされた。一般に「焚書坑儒《ふんしょこうじゅ》（書物を焼いて、儒者を埋める。転じて思想統制の意味にもなる）」というが、焚書は思想統制である。だが、坑儒で埋められた大半は方士たちだった。

彼らに騙《だま》されたことを恥じた始皇帝が、「方士に」とは言えず、儀式を上手く取り仕切れなかったとして「儒者に」罪を被《かぶ》せたのだ。

始皇帝が「坑儒」した者たちは、およそ四百六十人。しかし、後に中国共産党の毛沢東は始皇帝に対抗して次のように言っている。

「始皇帝がどうした？　四百六十人の儒者を生き埋めにしただけではないか。我々は四万六千人の儒者を生き埋めにしてやったぞ。我々はまさに反革命分子を鎮圧している真っ最中で、まだまだ奴らを殺し終わっていないぞ。この前、民主主義者と議論したとき言ってやった。おまえらは我々を始皇帝と罵《ののし》るが、それは違う。我々はあの暴君の百倍だとな」

やれやれ、これは畏《おそ》れいる。毛沢東の事跡は、自他ともに始皇帝に負けていないと認めているらしい。

一方、翌前二一二年、東郡（山東省西部から河南省北部）に隕石《いんせき》がおちた。

「始皇死して地分かる」

そこには右のような落書があった。下手人が判らず、怒った始皇帝は一番近い村を焼討ちし、皆殺しのうえ跡形も残さず消滅させたという。一村を地上から掻き消す大量虐殺《ホロコースト》だ。

ここに、仙薬を入手できない始皇帝の焦りが見て取れる。このようなとき、最後の巡幸の途中で、徐福が戻ってきた。

「蓬莱島の手前で、大鮫に邪魔され難航しております。どうか弩弓《いしゆみ》部隊をお貸し下さい」

この願いも叶《かな》えられ、徐福は最新の強力部隊を引き連れて行った。弥生《やよい》時代の日本の一地方で、彼は一大勢力になったことだろう。

始皇帝は、それから間もなく危篤になった。史書には病とあるだけで、詳細は判らない。筆者は命を張った徐福が、遅効性の茸毒《きのこどく》を与えた可能性を考える。口当たりがよくて、多幸感を与える成分があり、何日か後に毒性分が身体を蝕《むしば》む類いである。

植物の薬用（毒）成分と効能を知り尽くした方士なら、それは充分可能である。

こうして始皇帝は崩御したが、全国統一を果たしてからは政《まつりごと》を放擲《ほうてき》し、不老不死の亡者《もうじゃ》と化していた。暴君の正体は、命に恋々《れんれん》としていた弱者に過ぎなかったわけだ。

同じような行動をした皇帝に漢の武帝《ぶてい》（劉徹《りゅうてつ》）がいる。前漢の全盛期を築いた皇帝も、神仙思想に凝り固まり、方士を優遇したと記録にある。ただ、始皇帝よりも冷静で、中には虚偽を見破って処刑したこともあった。

だが、方士欒大《らんだい》には娘まで嫁がせる気の入れようだった。

「皇太子殿下が玉座を狙おうとて、主上に呪《のろ》いを掛けておられます」

晩年には、佞臣《ねいしん》のそんな誣告《ぶこく》を真に受け、衛《えい》皇后もろとも死に追いやった。

このような事跡も、始皇帝の系譜だろう。

もう一人は、暴君として知名度の高い隋《ずい》の煬帝《ようだい》（楊広《ようこう》）である。彼に近づいた方士潘誕《はんたん》は、不老不死の仙薬金丹《きんたん》を作ると豪語しながら、六年も大金を費やし徒労に終わった。

「童男童女の生肝《いきぎも》と髄《ずい》から、金丹ができます」

この奏上で煬帝は、即座に潘誕を処刑した。

こうして見ると、君主が仙薬を切望するのは、国内が非常に安定したときで、絶対的な権力を獲得したときに限られている。

中国共産党が今後「不老不死」の薬を研究するかいなかで、この政権の命脈が計れるかもしれない。もっとも、何事も「過ぎたるは、及ばざるがごとし」であるが。

第三章　人肉食——復讐か美食か、禁断の食材

散歩の語源となった不老長寿薬

前章「不老不死」で言及すべきだったかもしれないが、鍾乳石《しょうにゅうせき》、硫黄《いおう》、白石英《はくせきえい》、紫石英《むらさきせきえい》、赤石脂《しゃくせきし》からなる五種の鉱物を磨《す》り潰《つぶ》して作られる五石散《ごこくさん》なる薬がある。

これも、不老長寿の効果や虚弱体質の改善によいとされ、後漢《ごかん》末から唐《とう》の時代にかけて大いに流行したという。もっとも、それがどの程度有効であったかは甚《はなは》だ疑わしい。

時代によっては鉛が健康食（サプリメント）とされたこともあるので、迷信的作用も大いにあった。

『三国志』の後半部に出てくる何晏《かあん》なる人物が、五石散を常時服用していたとして有名であ

る。彼は後漢末期の権力者何進《かしん》の孫で、美男としても名を馳《は》せていた。非常なナルシストで、白粉《おしろい》で化粧して自らの影を見つめながら廊下を歩いたという。

その何晏が愛飲したということで、五石散は有名になった。石の粉末を嚥下《えんげ》していただけなら異食だが、皮膚が敏感になる効果があると物の本には出ている。

性愛に有効ならば、現在の覚醒剤にも通じよう。それゆえか、麻薬の一種であるとも書かれている。この場合の「麻」とは植物の麻《あさ》というよりも、一部の麻の効能である痺《しび》れるの意として使っているようだ。

実際に飲むと身体《からだ》が温まる「散発」なる作用があり、これが起こらねば薬が体内に籠《こ》もり中毒症状を呈するという。それゆえ散発を維持するため歩き回るらしいが、それを「散行」と呼んだ。そして後世、「散歩」の語源となったという。

五石散は何晏が作ったとされるが、それは誤解だろう。彼がよく服用したことで、クローズアップされたと見るのが自然だ。

彼は司馬懿《しばい》と対立していた曹爽《そうそう》側に付いたため、二四九年の政変で処刑の憂《う》き目《め》に遭《あ》っている。彼の末路が哀れだったためか、その後、五石散に関して云々《うんぬん》される機会は減ったようだ。

五石散の摂取は、効能があれば薬の服用だが、インチキならば異食の類《たぐ》いになる。

薬効・美食としての人肉食

時代は遡《さかのぼ》るが、古く春秋《しゅんじゅう》時代の介子推《かいしすい》の逸話がある。彼は晋《しん》の文公《ぶんこう》（姫重耳《きちょうじ》）の部下で、主君が亡命の旅に出たとき、それに従って供となっている。

放浪の最中に文公が飢えに苦しんだとき、介子推は自らの太腿の肉を供《きょう》した。無論、臠《れん》（きりみ）の食物にしたのだ。これは孝ではなく、忠（義）の精神だ。

自らの身体を削《けず》って主人に食べさせるといった行動は、同じく主君のために命を張る日本人（武士）へは違和感を与えよう。主君の命をつなぐためといえども、極限の選択として、自らの肉体を喰わせることなど、かえって無礼とされたはずだ。

これに加えて前章の最後でも出てきたが、煬帝《ようだい》に取り入った方士潘誕《はんたん》が進《しん》ぜようとした童男童女の生肝《いきぎも》なども、いわば人肉食の類いであろう。

だが、童の生肝というのは、煬帝の隋時代にだけ突然降って湧いた話ではない。春秋戦国の、いや、殷《いん》の頃まで遡れるのかもしれない。とにかく、不老長寿や不治の病の特効薬との迷信が、根強くあったようだ。

実際、近世以降もそれを信条に掲《かか》げた似非《えせ》（新興）宗教や悪徳製薬業者などがあり、人攫《ひとさら》いの盗賊と結託《けったく》して童男童女を殺害していたらしい。彼らの生肝は、闇社会を通して王侯貴族や金満家の薬用とされた。無論、効能などなかったろうから、いわば異食としての人肉食の類いである。

ここまでの話は健康目的もしくは信念（孝行や忠義）として、結果的に異食になった例である。これら以外にも、ミイラを薬用として喰った例がある。

また最近でも、中国東北部から韓国で、死産した胎児の干肉をカプセル詰で服用したとの、耳を疑いたくなるようなセンセーショナルなニュースがあった。

目的は強壮剤や健康維持らしい。感心できることではないが、それでも、まだある一線が引かれている気はする。

一方、斉の桓公《かんこう》の人肉食になると、様相が変わってくる。

彼は本名を姜《きょう》小白《しようはく》といい、太公望《たいこうぼう》（姜子牙《きようしが》）から数えて斉国十六代目の君主だ。

前七七一年、周の幽王《ゆうおう》は笑わぬ美女褒姒《ほうじ》を寵愛《ちょうあい》したあまり、犬戎《けんじゅう》の侵攻を受けて殺害された。そこで周は平王を中心に、都を渭水《いすい》盆地の鎬京《こうけい》から、中原の洛陽《らくよう》へ移す。ここまでは、第一章で述べたとおりである。

これ以後の周を東周（以前は西周）と呼ぶが、軍事力も経済力も下降の一途《いっと》を辿《たど》っていた。た

●春秋時代

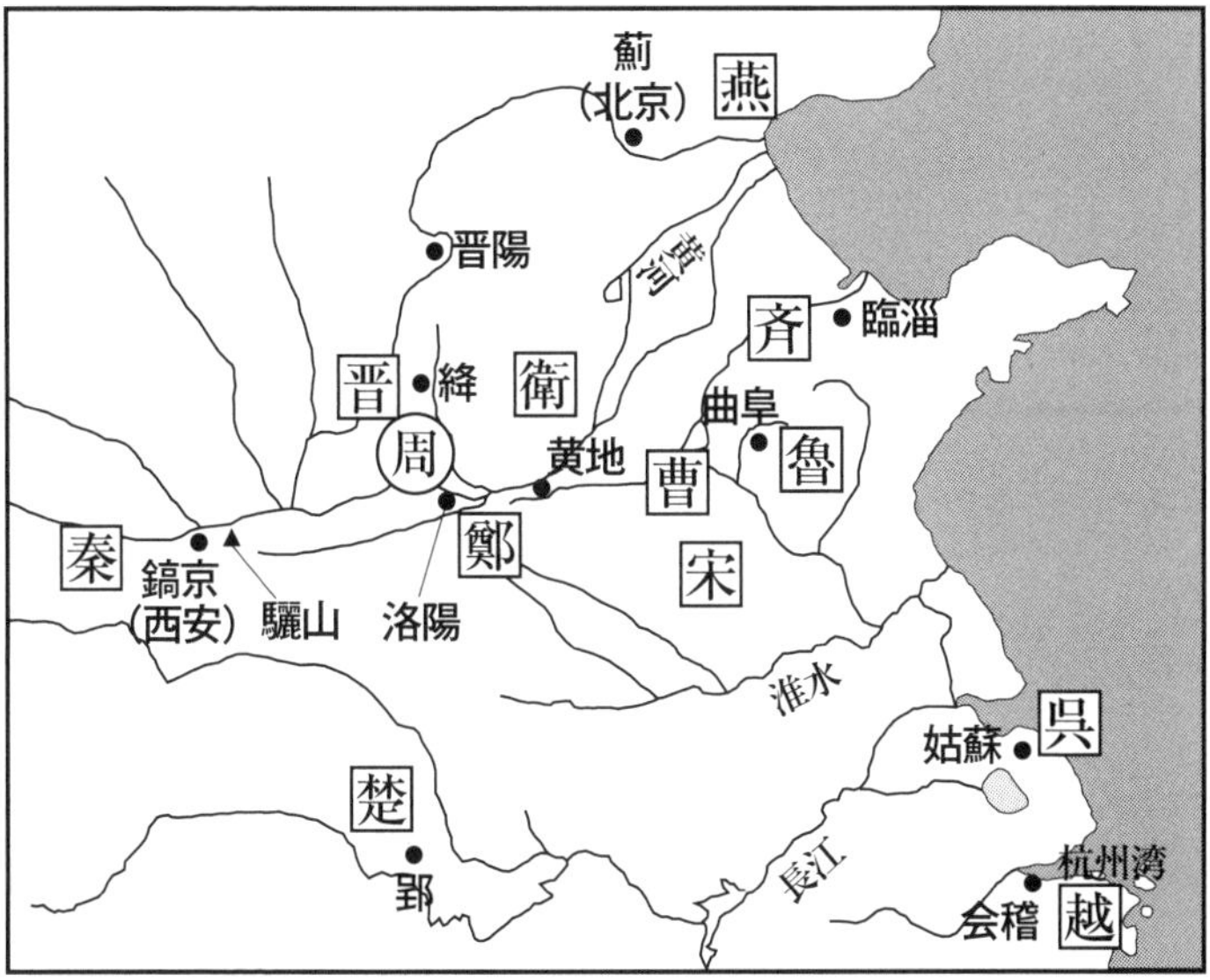

だ、周宗室としての権威だけは生きており、周王から授与される爵位《しゃくい》を以《もっ》ての論《ろん》功行賞《こうこうしょう》は、諸侯が憧《あこが》れの的にしていた。

　本来「公」とは、周の一族（姫氏《きし》の血脈）のみが冠せられる称号で、貴族の最高位を表した。他の諸侯は異姓であるため、一番高く上がっても「侯」にしかなれなかった。

　だが、春秋時代になると、周の係累でなくとも「公」になれた。斉の桓公など、その典型である。それは、周が生き残っていくために、権威を切り売りした結果といえる。

　このような背景のもと、周を軍事的及び経済的に支えた有力諸侯を覇者《はしゃ》といった。覇者は諸侯に呼びかけて会盟《かいめい》（平和会議）を主催し、自らが周の王家（宗室）を守《も》り立てる先頭に立つと宣言した。これは、自他ともに中華における第一人者だと認める儀式である。

後日この時代の魯《ろ》国の歴史を、孔子が編年体（前七二二年〜前四八一年）で整理して、『春秋《しゅんじゅう》』なる著書にした。このことから、戦国時代までの約三五〇年間を春秋時代と呼ぶようになっている。

同時に、この時代の特徴は、周の権威がまだ何とか曲がりなりにも生きていたことだ。殊《こと》に前半の百年は、覇者と呼ばれる有力者が五人も出て天下に号令した。その彼らを、春秋五覇《ごは》と呼び習わしている。

この五覇について諸説あるが、斉の桓公と晋の文公は、どの学者も五人の一人に数える。常に五人の筆頭として挙《あ》げられるのが、斉の桓公である。彼の兄襄公《じょうこう》（姜諸児《きょうしょじ》）は絵に描いたような暴君で、実妹と関係を持って彼女の夫（魯の君主）を殺害するという、傍若無人《ぼうじゃくぶじん》な狼藉《ろうぜき》を犯している。

右の事跡は十四章で詳しく述べよう。

こうなると、襄公が怨《うら》まれたり嫌悪されたりで暗殺されるのは、当然の成り行きだった。その後、従兄《いとこ》や兄との内紛を制して、桓公は即位する。

彼には名宰相の管仲《かんちゅう》と鮑叔《ほうしゅく》がおり、その宰領《さいりょう》に助けられたことも実に多かった。彼は即位してから、兄を匿《かくま》った魯へ侵攻し、領土を少しずつ併合していった。

ところが、前六八二年の柯《か》の会盟では、匕首《あいくち》を持った魯の刺客曹沫《そうばつ》に脅《おど》され、併合した領土をすべて返却する約束をさせられた。

「神聖な場所において、刃物を突きつけられて決めたことなど、守る必要などない！」

桓公は忿懣《ふんまん》やるかたなく怒ったが、管仲は厳しく諫《いさ》めた。

「それでも前言を翻《ひるがえ》さないのが、覇者の矜持《きょうじ》であります」

その言葉どおり魯へ領地を返還させると、それゆえに桓公の人気は、国内だけでなく中華全土で上がったのだ。これこそ、覇者と助言者（管仲）の面目躍如《めんもくやくじょ》たるものである。

このようになると、その力や名声に肖《あやか》りたい者が、宮殿に集まりだす。勢い珍しい品々や美味な食物が周囲を埋める。つまり、贅《ぜい》に飽《あ》かせた生活を送ることになるのだ。これでは、玩物《がんぶつ》喪志《そうし》の二の舞である。

「食べてないものは、赤子ぐらいなものだ」

桓公が何気なく言ったのを、料理人の易牙《えきが》が聞いていて、翌日赤子（自分の息子）を羹《こう》（あつもの）にして持ってきた。献上された桓公は、それが何か無論判っていたろう。

周囲では眉をひそめる向きが多かったというが、それは赤子を食べることよりも、易牙の胡《ご》麻《ま》擂《す》りに対してだったようだ。いずれにしても、桓公の行為は確信犯的な人肉食である。そして、中国の食文化の一つに、人肉をもたらす景気づけをしたようだ。

ところで、前述の五石散や介子推の腿肉、それに童の生肝などは、まだまだ趣味で食べることより、飢えを凌《しの》いだり薬用の効能に重点が置かれていた。

それゆえに筆者は、「まだある一線が引かれている」と述べたのである。

生きたまま切り刻んで喰らう

ここで、人肉食について考察してみよう。腿肉や生肝も含めて、人が人を喰う話は世界中で枚挙《まいきょ》に遑《いとま》がない。理由はさまざまにある。そこで前述の薬用（ほぼ迷信だが）を除くと、まずは飢饉《ききん》といえよう。

穀物や木の実、果実の類い、食肉用の動物、根菜、野菜などを食べ尽くした後は、不承不承であっても死骸を漁《あさ》るしかなくなる。かくて、このように共食い（人肉食）は始まったと考察できる。

しかし、これが慣例的な人肉食の始まりと断ずるのは、やや早計に過ぎよう。人間は社会的動物ゆえ、集団生活上での宗教的な生贄《いけにえ》などの儀式が先かもしれない。

それは神への捧げ物を、神に代わって食べて神聖さを享受する行為になるのだ。あるいは、悪魔封じなど禍事《まがごと》の除去を願う呪術的なことも含まれていたろう。

また、戦争捕虜を食べることで、相手を滅ぼす具体的な意味を持ったり、さらに、討ち取って論功行賞の対象だった敵の死骸を喰うことで、相手の勇気を自分のものにし、超人的な力を宿す意味もあるはずだ。

こういう社会的な認知と習慣が、食人を機械的に繰り返す精神を育て上げていったと思《おぼ》しい。それは必ずしも、遠い過去だけの現象ではない。

最近でも、カンボジアにおけるポルポト政権のもとでは、敵の能力を我が物にする意味で人肉食が行われていたと伝えられる。

その人数が多ければ多いほど、食べた当人は超人的な力を得るとされたのだ。無論、実際に、そのような肉体的変化など起ころうはずはない。

現代における呪術的な行動であるが、それはつまり、精神的に未開民族の発想と同じと言えよう。譬《たと》えれば、いや、言葉を換えるだけかもしれないが、首狩り族が敵の首に持つ執着に似ている。

彼らは頭蓋骨を何日も煮詰めて小さくし、それらをつなぎ合わせてネックレス状にしてしまう。その数を誇るのは、何人喰ったかというのと、その本質において同じである。

もっと言えば、日本の戦国時代における武士も首狩り族であった。敵の首を取って申告すれば、報償に与《あずか》ったからだ。ただ、人肉食の風習はなかった。

いや、もしあったとすれば、籠城戦で兵糧《ひょうろう》攻めに遭ったときぐらいである。矢が尽きて刀が折れるのではなく、飢餓地獄の果てに死体に手を出したり、子供を取り替えて喰らいあうといったことである。命をつなぐため仕方なしの人肉食は、前述したごとく習慣にはならない。

また、海外においては、刑罰での食人も記録されている。被害者（の遺族）が、有罪（死刑）判決を受けた受刑者を食べるというものだったらしい。仇《かたき》の肉を食べることによる、復讐の完遂である。

中国で有名なのは、楽羊《がくよう》の一件であろう。

前五世紀の末、魏《ぎ》の将軍だった彼が中山国《ちゅうざんこく》を攻めたとき、その地で人質になっていた息子は、報復の処刑をされたうえで肉を羹にされた。それは、楽羊あてに送られてきたが、彼はそれを平然と食したうえで中山国を討っている。料理することが中山国の復讐だったが、楽羊は憎しみに耐えてそれを喰らい、さらなる報復の糧《かて》としたわけだ。

この辺の感覚は、日本の文化と大いに違う。目を背けたくなるような、さらに凄惨《せいさん》な例を述べよう

「咼《か》」とは馴染みのない文字だが、肉を削り取った人骨を示す象形文字らしい。「えぐる、わける、さく」などの意にもなる。また、漢和辞典には「臠殺《れんさつ》」なる言葉もある。「ずたずたに切り

刻んで殺す」意だが、言葉が存在するのは、中国では実際にそういった行為があったからに他ならない。

則天武后《そくてんぶこう》の時代（七世紀末）、来俊臣《らいしゅんしん》なる酷吏《こくり》がいた。目を付けた人物には情容赦なく厳しい拷問を加えて冤罪《えんざい》に落とした。そのため賄賂《わいろ》は取り放題で、庶民からは蛇蠍《だかつ》のごとく嫌われていた。その来俊臣が則天武后から罪を得て処刑されたとき、民衆は遺体に集《たか》って肉を千切って口にした。

また、五代十国《ごだいじっこく》の閩《びん》（福建省）で、住民に重税を課して私腹を肥やした薛文傑《せつぶんけつ》は一揆軍に生け捕られ、身体を切り刻んで食べられた。

つまり憎悪の極致で、ただ殺すだけでは飽き足らなかったのだろう。この臠殺なる言葉は、中国史にたびたび散見され、珍しい行為ではないようだ。

人肉食の記述は他にある。

妻や愛人を食する次の例はいかがだろう。

『三国志演義』に、劉安《りゅうあん》なる人物が劉備《りゅうび》に妻の肉を料理して饗したとある。それと知って劉備は泣くが、事情を聞いた曹操《そうそう》は劉安を称《たた》えている。『演義』はフィクションであるが、それを受け入れる素地が中国社会にあるという証拠である。

また、八世紀中葉に起こった安史《あんし》の乱の最中、張巡《ちょうじゅん》が行った人肉食も、日本人は唖然とするばかりだ。彼は睢陽《すいよう》城で反乱軍から兵糧攻めに遭う。すると、妾から順に女性を殺して兵士に喰わせたという。

反乱軍に屈せぬという大義のもとだが、日本なら女は先に逃がすか、彼女たちが自主的に自害するかであろう。

話をもとに戻す。春秋五覇の中でも第一人者と謳《うた》われる斉の桓公が、易牙の赤子を喰らった行為は、単に味を楽しむためである。それが斉の斜陽につながっていくことを、知っていたのは管仲だけだったろう。

易牙が、斉の三貴《さんき》（他に開方《かいほう》と豎刁《じゆちよう》）と言われるほど出世するのも、それを如実に物語っている。前六四五年に管仲が卒すると、桓公は指針を喪《うしな》った。管仲が決して近づけるなと遺言していた三貴を、側近中の側近にしてしまい、桓公の息子を産んだ姫妾《きしよう》と結託して派閥ができてしまう。

それゆえ後継者争いの温床ができ、実際に桓公が没する（前六四三年）と、戦いが始まって葬儀すらできぬ状態だった。『史記』によれば死骸が腐敗して、棺桶から蛆《うじ》が湧いて這い出るような始末だったという。

それは、楽しみのための人肉食をして、後世に多大な負の文化を遺《のこ》した人物に相応《ふさわ》しい最期だったのかもしれない。

寒食節の行事に生きる君子・介子推《かいしすい》

一方、紂王《ちゅうおう》の酒池肉林の中に、人肉食はなかったのかと問われれば、「あり」と応えよう。彼は九侯を醢《かい》（ししびしお＝しおから）に鄂侯を脯《ほ》（ほじし＝ほしにく）にしたと『史記』に出ている。だが、第一章で記したごとく、周王朝が彼の心象を悪くするため、事跡を曲げて捏造《ねつぞう》した可能性もある。

殷の時代から、前述の臠《れん》（きりみ）や羹《こう》（あつもの）などの調理法も備わっていた。人肉はそれらの処理をなされて、一部は飢饉に備える意味もあり、世間に出回っていたろう。だが、平和時における人肉食は、いわば公然の秘密のような扱いだったようだ。

それは歴史書でも、非常時以外は暴君や悪人のなせる所行として載せているので判る。盗賊の盗跖《とうせき》や『三国志』の董卓《とうたく》が人肉食をしたり、『水滸伝《すいこでん》』では孫二娘《そんじじょう》が人肉饅頭《まんじゆう》を商《あきな》う（フィクションであるが、違和感なく受け入れられているのは、『演義』の劉安の所行のごとく、世間にありがちだということ）のは、その典型である。これらは、残虐な処理方法で人々の眉をしかめさせるが、人肉食そのものを問題にすることはまずない。

つまり、人肉食をタブー視するハードルは、かなり低かったと思える。

このように、中華において世界のどの先進国よりも人肉食が横行したのは、春秋五覇の第一人者である斉の桓公が易牙の赤子を羹《あつもの》にして食したからではないか？　また、晋の文公が介子推の腿肉を食べたことも、それに拍車を掛けていたと思える。

「あれほどの君子が人肉を食したのだから、我々庶民も多少食するぐらいいいだろう」

桓公と文公は、春秋以降の一般人に、そのような考え方を植え付けたような気がする。もっとも、彼らが常日頃から人狩りをしていたとは思えない。だが、筆者はある逸話に悍《おぞ》ましい連想を禁じ得ない。


孔子の弟子で一番腕っ節の強い子路《しろ》（仲由《ちゅうゆう》）は、衛国で高官に取り立てられた。だが、反乱軍に惨殺されたうえ、醢《ししびしお》にされた。悲報を聞いた孔子は、自宅で貯蔵してあった醢をすべて捨てたと伝えられる。

ここで思うのは、捨てたとされる孔子の保存食に、人肉は混じっていなかったのかということだ。彼は春秋末期の人物で、斉の桓公や晋の文公らより百有余年後に活躍している。当然ながら、五覇に数えられる二人の所行は知っていたわけで、人肉食をすることに対して必要以上の抵抗はなかったろう。

つまり、可能性としては大いにあり得たわけだ。ならば、儒教を国是とした漢以降の人々に、人肉食への抵抗を覚えないという、さらなる影響を与えたはずだ。

それでも、隋末期の反乱軍の首領朱粲《しゅさん》が、城邑《じょうゆう》を落とすたびに民を皆殺しにして、その死骸を部下と一緒に食べ尽くした行為は、さすがに人々の憎悪を招いた。

唐が平定してゆく過程で朱粲は捕らえられ、李世民《りせいみん》が洛陽で彼を処刑した。そのとき、庶民は屍《しかばね》に石を投げつけると、たちまち盛り土のようになったと言う。

さて、この章の最後に、晋の文公に太腿の肉を与えた介子推の後日談を記しておこう。

文公が正式に晋の君主として即位すると、介子推は母を連れて緜山《めんざん》に隠遁した。高位高官を期待して亡命中の文公に仕えたのではないと言いたかったらしい。

これは、道家思想の典型である。無償の行為こそ尊いと言いたいのだ。それでも文公は介子推を緜山から連れ出そうと、一本の道を空けたうえで火を点けた。山火事になったが、親孝行な彼なら、母親を背負って山を下りてくるはずだと文公は踏んだのだ。

しかし、彼は出てこなかった。文公の心根を読んで裏を掻く行動に出たのだ。姿が見えず不思議に思った文公が調べると、介子推は大きな柳の虚《うろ》で母親と抱き合ったまま焼け死んでいたのだった。

それはちょうど、二十四節気の清明《せいめい》の頃だった。

後日、その日を寒食節として、家々の戸口に柳の枝を刺して介子推を偲《しの》び、一切火を使わずに冷たい食事を摂ることになった。多分、肉食も遠慮したことだろう。

第四章　頽《たい》　廃《はい》――国政に無関心な皇帝の末路

皇帝に群がる佞臣《ねいしん》ども

宋《そう》の時代は、科挙《かきよ》が成熟して文治主義が確立していく過程にあった。皇帝も真宗《しんそう》、仁宗《じんそう》、英《えい》宗《そう》、神宗《しんそう》、哲宗《てつそう》など、名前から推しても見識の高そうな人物に思える。実際に試験の最終段階では、皇帝自ら出題して口頭試問をしていた。

井上靖著『敦煌《とんこう》』は、受験生が皇帝直々の問いかけを待っている場面から物語が始まる。主人公の趙行徳《ちようぎようとく》は、異民族国家の西夏《せいか》や遼《りよう》へいかに対応するかなど、時事問題をあれこれ予想しているうちに、ついうつらうつらうつらして眠ってしまう。

彼がはっと気づいたときには周囲に他の受験生が一人もおらず、すべてが終わっていて後の祭りだった。こうして、彼は進士《しんし》の試験に失敗してしまう。

それが小説の発端だが、宋の科挙の状況がよく判《わか》る件《くだり》であった。

このとき、趙行徳が相見《あいまみ》えようとした相手は仁宗であった。彼の治政は十一世紀前半で「慶《けい》暦《れき》の治《ち》」と呼ばれ、北宋中期の全盛時代であった。この頃は、国の歳入が歳出を大いに上回っていた。

しかし、仁宗が崩御する頃には社会矛盾が大きく表面化していって、歳出と歳入の差が逆転していく。軍事力も低下した中で、異民族の西夏や遼へ納める歳幣《さいへい》（国家間の条約により貢ぐ金品）が大きく占めていた。

これを解消するには軍事力の増強と、庶民への重税しかない。ここで、歴史の舵《かじ》を大胆に切ろうとする王安石《おうあんせき》が現れた。

仁宗の後は在位が短い英宗で、次に神宗とつづく。彼は、有名な王安石の改革を断行した。一〇六九年に始まったこの大改革は、農業、商業、軍事、流通、貨幣制度、官僚登用制度など多岐にわたり、まさに世を二分する大騒ぎに発展していった。

王安石の新しい法律を擁護する者らを新法派、反対する者らは旧法派と呼び、その対立は十一世紀後半の中国を大きく揺《ゆ》るがした。

旧法派には文彦博《ぶんげんはく》や文人の司馬光《しばこう》、詩人の蘇軾《そしょく》らがいて、彼らは閑職に左遷されている。専

●北宋時代

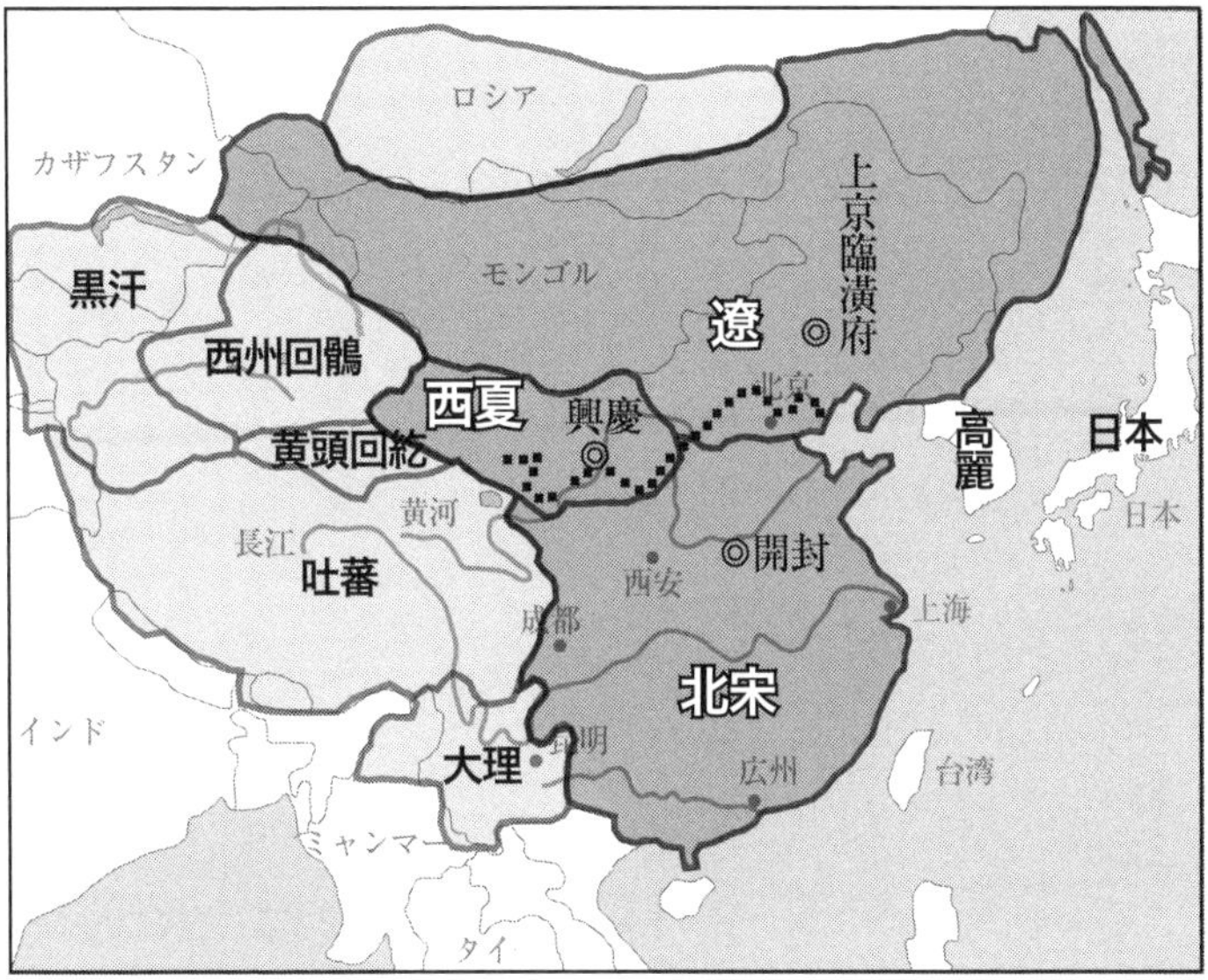

制君主が有無を言わさず処刑するなどということがないのが、宋の文治主義の成果と言えよう。

　この政治状況は、言論の自由を叫ぶ劉《りゅう》暁《ぎょう》波《は》が政治犯として投獄される現代の共産党政権下よりも、よほど人権尊重の観がある。

　帝政下の宋で、前述のごとき民主的な処置が施されたのである。お蔭で、政治的な動きはできなくとも、司馬光は『資《し》治《じ》通《つ》鑑《がん》』を著し、蘇軾も文学史に残る漢詩の作品群に取り組むことができたのだ。

　だが皮肉にも、この寛大さによる文化面の爛熟《らんじゅく》が、宋の最期を迎える温床《おんしょう》になっていったのである。

宋が内政で侃々諤々《かんかんがくがく》の議論を繰り返している間に、西夏や契丹《きったん》族の遼、あるいは女真《じょしん》族の金《きん》など、周辺異民族につけいる隙《すき》を与えてしまった。彼らは辺境地帯を侵攻し、北宋の寿命を確実に短くしていく。

それを睨みながら新法での改革はつづくが、一〇七四年、旱魃《かんばつ》や洪水などの天変地異が相次ぎ、旧法派は新法が天意に添わないからだと攻撃した。そこで神宗は王安石を解任せざるを得なくなった。

その後、彼の復職や失脚と失意、神宗の奮励などあったが、一〇八五年、崩御《ほうぎょ》とともに旧法派が巻き返すことになる。

神宗を嗣《つ》いだのは六子の哲宗であったが、即位当時はまだ十歳だった。そこで、祖母の宣仁《せんじん》太皇太后（英宗の皇后）が垂簾《すいれん》政治で旧法を復活させた。だが、一〇九三年、彼女の崩御で哲宗が新政を始め、再び新法が復活した。

それでも一一〇〇年、哲宗が二十五歳で夭逝《ようせい》すると、彼に公子がなかったため、突如弟（神宗の十一子）の徽宗《きそう》に皇帝位のお鉢が回ってきた。

宰相の章惇《しょうとん》ら、彼の資質を知っている者らからは、即位に反対する声がなかったわけではない。それは書や詩文、絵画、造園、建築などの芸術に熱心なあまり、立法や外交などの政《まつりごと》にかなり疎《うと》かったからである。

「主上《しゅじょう》を補佐するために、科挙の及第者を大臣や官僚に据えてあるのじゃ！」

向《こう》皇太后が鶴の一声をあげると、すべてが決まった。それは、彼女が垂簾政治をしやすかったからだろう。そのとおり、彼女は新法と旧法の調整をすることで政を進めようとしたが、翌年、突如崩御する。

ここからが徽宗の親政となるのだが、政治的な実権を握ったのは佞臣《ねいしん》の蔡京《さいけい》であった。太師《たいし》（宰相）となった彼は、自らを新法派としていながら、その実まったく節操などなく、同じ新法派でも意に染まぬ者らを旧法派として処刑した。

それゆえ後世の評判は頗《すこぶ》る悪い。

徽宗が名君ならば、蔡京の御都合主義を見破って追放していたろう。しかし、書画や骨董、詩歌など美的感覚に優れた徽宗に、人を見る目はまったくなかった。

彼の周囲に集まったのは、宦官《かんがん》の童貫《どうかん》や游侠出身の高俅《こうきゅう》らで、いずれも蔡京と結託して私腹を肥やした。

童貫は筋骨隆々たる体格ながら、書画骨董にも目が利いて徽宗に重宝された。

また、高俅も放蕩無頼な生活を送って有力者の食客だった。彼は蹴鞠《けまり》が上手く、サッカーのリフティングパフォーマンスのような妙技を、たまたま徽宗に披露する機会を得て甚《いた》く気に入られたという。中国四大奇書の一つと言われる、当時を描いた小説『水滸伝』では、高俅を奸《かん》臣《しん》の代表のごとく描いている。
それほど怨みを買う存在だったようだ。
彼らが出世して兵権を掌握するに至り、宋の運命はどんどん傾いていった。

内政も外政も顧みない風流皇帝

彼らに政を一任して、徽宗のしていたことは、自分の趣味にさらなる磨きをかけ、美女をも漁《あさ》ることであった。それはサラリーマンが休日を利用して、絵画やゴルフに興じるようなレベルではない。皇帝個人の技量も並外れて優れていたが、かける金銭の額が国家予算の一部で飛び跳ねてもいた。

皇帝の道楽でも、書画や詩歌、漁色の類いはまだ罪の軽いほうだった。宮廷内で本人が絵筆を振い、後宮でうつつを抜かせばすべてが片付くからである。

徽宗の手になる『桃鳩図《とうきゅうず》』は東洋美術史上に燦然《さんぜん》と輝き、明《みん》の永楽帝《えいらくてい》から足利義満《あしかがよしみつ》に贈与されたという曰《いわ》くまである。そして、今では某個人蔵ではあるが、日本の国宝になっている。

だが、『花石綱《かせきこう》』に集約される造園や建築に関する趣味は、一般庶民に多大な苦渋を嘗《な》めさせた。

ここで言う花とは、南方の珍しい樹木であり、石とは太湖の周辺から産出する複雑に穴の空いた石灰岩（別名太湖石）である。

無論これらは巨大な物であり、運搬には人手も時間もかかる。これが、年がら年中繰り返されたのである。

加えて、ただ一度巨岩を運ぶためだけに運河を開削したり、近道のため民家を取り壊すなどの暴挙は日常茶飯事で数知れなかった。

これでは、徽宗が怨まれないほうが訝《おか》しい。だが当の風流皇帝は、庶民の気持など忖度《そんたく》の埒《らち》外《がい》であったろう。いや、童貫や高俅の意を受けた連中が、皇帝の威を借りて遊び半分に庶民を苦しめていたのが真相と言えよう。

皇帝の寵臣が政を壟断《ろうだん》すると、必ず国が乱れる。それはここに始まったことではない。唐の中期に安禄山《あんろくざん》と楊国忠《ようこくちゅう》が玄宗《げんそう》と楊貴妃《ようきひ》に取り入った結果、安史の乱が勃発《ぼっぱつ》した前例なども多々ある。

中国史を見ていてつくづく思うのは、悪しき前例をまったく教訓としないもどかしさだ。世界中どこでも、確かに歴史は繰り返すのであるが、それなりに制度などに進化が見られるものだ。しかし中国は、古代に最先端の国ではあっても、そこで留まったままのようだ。

宋は徽宗の御乱行が江南地方に集中して、不満や恨みが渦巻いた。その結果起こったのが、一一二〇年の方臘《ほうろう》の乱である。一時は江南地方の大半が、庶民の支持を得て反乱軍に下るありさまだった。

これに焦った宋は、童貫を急遽《きゅうきょ》鎮圧に赴《おもむ》かせた。彼は江南で大虐殺《だいぎゃくさつ》と略奪を行い、徽宗はさらに恨みを買って宋自体が疲弊《ひへい》することとなる。また一方、長城地帯では遼（契丹族）の侵攻を食い止めるため、北西部の金（女真族）と同盟していた。

ここは、彼らの活躍で遼を敗走させるが、宋は金との盟約を守らず、兵を出し渋った。それゆえ、怒った金を宥《なだ》めるための歳幣《さいへい》が、また増えることになる。それよりも、宋の軍事力の脆《ぜい》弱《じゃく》さの露呈が一番の問題だった。

宋は金の弱体化を図ろうとしたが、すべてが裏目に出て、金が侵攻する口実を与えただけだった。その激しさに、政へ容喙《ようかい》しなかった風流皇帝も、一一二五年、さすがに遅蒔《おそま》きながら責任を取る格好で退位し、息子（欽宗《きんそう》）に位を譲った。

しかし、宋のお家事情など金側の知ったことではなく、金は都の開封《かいほう》（南京）を包囲した。これにて長城付近で多大な領土を割譲し、歳幣もより以上に支払うこととなった。

金軍が去ると、喉元《のどもと》過ぎて熱さを忘れた強攻策が台頭したため、一一二六年、金軍は大挙して侵攻し、開封を陥落させた。

そして翌年、徽宗と欽宗、それに後宮から姫妾と女官のほとんどが、金軍によって北方の五国城へと連れ去られた。これを世に靖康《せいこう》の変といい、事実上宋は一度滅亡した。

ここまでを北宋と言い、欽宗の弟が江南へ逃れて建てた国を南宋という。徽宗の所行の記憶も新しく、庶民の悪感情は永く尾を引いて統治に苦労したことだろう。

一方、囚《とら》われた徽宗と欽宗のその後は、哀れを極めた。後宮ごと連行され、彼女たちと楽しく暮らしていたのかと言えば、決してそうではない。

彼らは惨《みじ》めな自活生活を余儀なくされ、徽宗は八年後に崩御し、欽宗は三十四年も抑留されて客死した。

いや、さらに憐憫《れんびん》の情さえ催すのは、後宮の女たちのその後だった。彼女たちは全員が洗衣《せんい》院《いん》なる官営の郭《くるわ》へ入れられ、皇后に至るまで金の王族や貴族相手の売春婦に堕《だ》された。まさに天国から奈落の底の地獄へ直行した感覚だったろう。

徽宗の皇后だった韋《い》太后だけは、南宋の高宗の生母であることから、その身を開封へ戻されたが、欽宗の朱《しゅ》皇后はあまりの境遇に入水《じゅすい》した。また、他の女性たちも屈辱を受けつづけたまま、五国城で没したとされる。

この前代未聞の皇帝と後宮拉致《らち》事件も、ひいては風流皇帝が自分の趣味に没頭して、一切政を顧《かえり》みなかった報いである。逆《とばっち》りを受けた皇后をはじめとした宮女らは、災難では片付けきれない悔しさがあったろう。

中華思想の驕《おご》りが国を滅ぼす

異民族に中華の皇帝が都から連れ去られた事件は、他の朝廷にもある。時間を遡《さかのぼ》れば、晋《しん》の懐帝《かいてい》と愍帝《びんてい》がそれに当たる。

二九一年～三〇六年までつづいた八王の乱は、二代目恵帝《けいてい》が暗愚なため、楊《よう》太后と賈《か》皇后一族の実権争いに司馬氏が巻き込まれる格好で、延べ十六年もつづいた内戦である。このとき、八王といわれる司馬氏の多くの陣営が、遊牧民族を傭兵《ようへい》として招き入れた。

これが、五胡《ごこ》（匈奴《きょうど》、鮮卑《せんぴ》、羌《きょう》、氐《てい》、羯《けつ》）十六国の混乱を招く原因となった。当初は特に匈奴が優勢で、大単于《だいぜんう》（匈奴の大王）劉淵《りゅうえん》は漢（前趙《ぜんちょう》）を建てて初代皇帝に就いた。

前趙の将軍劉曜《りゅうよう》（後に五代皇帝）は、晋の都洛陽《らくよう》を包囲して懐帝を捕らえた。

懐帝は、恵帝崩御（三〇六年）後に立てられた皇帝で、勉学はよくできたが政治力などなきに等しい存在だった。そこは風流皇帝に酷似している。

だが、もっと似ているのは、当時の匈奴が本拠地としていた平陽《へいよう》（山西省臨汾《りんふん》）へと連行されたことだ。懐帝はその地で劉曜の小間使いのごとく、酒の酌や杯の洗浄、日傘を差し掛ける役と屈辱を受けた挙句、三一三年に斬首《ざんしゅ》されている。

雲南省昆陽に建つ鄭和像

また、次に愍帝が長安で即位したが、同じく劉曜に拉致されて平陽へ連れてこられた。彼もまた、狩りのおりに劉曜の先導役をさせられたり、酒を注いだり杯を洗ったりの辱《はずかし》めに甘んじた。そして三一六年、斬首される。

この晋に対する一連の匈奴の暴挙を永嘉《えいか》の乱といい、ここに西晋が滅ぶ。中国の皇帝が異民族に弄《もてあそ》ばれる例は、ここに始まるようだ。

もっとも翌三一七年、一族の元帝が建康《けんこう》で即位して東晋が始まることになる。

話は明《みん》時代へ飛ぶが、ここにも異民族に囚われた皇帝がいた。

明の全盛期は、まず永楽帝《えいらくてい》が築いた。この皇帝も即位の経過に問題がなかったわけではないが、ここでは措《お》こう。

彼は鄭和《ていわ》を使ってインド洋を所狭しと大航海させ、海路での通商を拓《ひら》かせたのだ。同時に北方異民族（モンゴルや女真族）に対して何度も遠征を行い領土の拡張も図った。

しかし、彼の崩御後、宣徳帝《せんとくてい》は外征をやめて、鄭和の大船団もいつの間にか消えてしまった。これは、永楽帝の外征で浪費した財政の立て直しのためと言われるが、視点を換えれば中華思想の典型とも取れる。

それは中国から先方へ出向かなくとも、世界の中心たる中国へ、他国は放っておいても朝貢《ちょうこう》に来るはずだとの驕《おご》りである。鄭和が亡くなっても大船団を派遣しつづけていれば、地理上の発見は中国人によってなされていた可能性が実に大きい。

火薬、紙、羅針盤、印刷術の四大発明をなしていながら、中国が世界に対して大きく発展しなかったのは、まさに口を開けて牡丹餅《ぼたもち》が落ちてくるのを待っていたからである。

現在の中国はこのような反省に立って、強引な海洋進出を企てて、南沙《スプラトリー》諸島で問題を起こしているように思える。

韓国を巻き込んだ反日運動と同様の、歴史的反作用である。

さて、緊縮財政を敷いた宣徳帝の後、位に即いたのが正統帝《せいとうてい》（朱祁鎮《しゅきちん》）である。彼は九歳で皇帝になった。普通なら皇太后の垂簾《すいれん》政治になるところだが、三楊《さんよう》（楊士奇《ようしき》ら名字が楊の三人の大臣）と称される補弼《ほひつ》が善政を敷いた。

問題なのは、かえって成長した後の親政であった。幼少時に彼の家庭教師をしていた王振《おうしん》は、宦官《かんがん》でありながらも内書堂（宦官の教育機関）出身で学識も高かったのだ。

それゆえ、皇太子の養育に当たるという幸運に恵まれた。だが、正統帝の即位とともに出世すると、宦官にありがちな蓄財に走って私腹を肥やすのに血道をあげ、お定まりの賄賂《わいろ》政治を蔓延《まんえん》させた。

この政治腐敗は塞外民族のオイラートの知るところとなった。そして、機は熟したとばかり、彼らの侵攻が激しくなった。

「ここでは、永楽帝の再来として親征なさり、彼らの度肝を抜いて文化果つる地の遊牧民に一泡吹かせましょう」

一四四九年、王振は正統帝を唆《けしか》けて、皇帝自ら馬に跨《また》がる軍事行動を取らせた。それには文官も引き連れて、五十万と号する大軍勢を編成したのだ。

だが、敵将エセンが率いる軍勢は次々に明軍を破り、正統帝を土木堡《どぼくほ》（河北省張家口市懐来《ちょうかこうしかいらい》県）なる砦《とりで》へ追い込んだ。しかし、そこもエセンに包囲され、ついに王振は戦死して正統帝は捕らえられた。

この事件を土木の変と呼ぶ。

慌てた明は、弟の景泰帝《けいたいてい》（朱祁鈺《しゅきぎょく》）を即位させて危機に備えた。これを見たエセンは、翌一四五〇年、北京包囲の非効率を見据えて明と和議を結んだ。これにて、抑留されていた正統帝は北京に戻れた。

エセンがあっさり正統帝を帰したのは、明の皇帝に敬意を払ったわけではなく、明朝廷内の混乱を期待してのことだ。すると、景泰帝は正統帝を太上皇の尊称を与えて軟禁し、政治的権力を完全に剝奪《はくだつ》した。

それでも七年後（一四五七年）、正統帝は奪門《だつもん》の変を起こして政権を奪還し、天順帝《てんじゅんてい》として重祚《ちょうそ》（再度帝位につくこと）した。同じ異民族に拉致された皇帝位でも、北宋の徽宗や欽宗らとは、その半生に大きな違いがある。

職人も顔負けの皇帝

最後に、明の風流皇帝の姿を見てみよう。

明の終末に半世紀足らず君臨した万暦帝《ばんれきてい》は、前半期に善政を敷いていた。それは宰相張居正《ちょうきょせい》の力量に拠《よ》るものである。だが、彼が他界して万暦帝の親政になると、途端に政への情熱が冷め、二十五年間も後宮に引きこもったとされる。

この間、満州では女真族ヌルハチの後金《こうきん》が勃興した。豊臣秀吉が朝鮮へ出兵したのも、この頃である。寧夏《ねいか》ではボハイの乱、播州では楊応龍《ようおうりゅう》の乱と外患ずくめだが、軍が腐敗していて、迅速な対応ができなかった。

この惨状を見かねて、江南の士大夫《したいふ》を中心とした政治集団（学派）の東林党《とうりん》が、政治改革を志して閣僚と激しく対立して、政争を繰り返した。

万暦帝が崩御し、泰昌帝《たいしょうてい》も在位一年で崩御、そして即位したのが十六歳の天啓帝《てんけいてい》だった。

このとき、権力を一手に集めたのが、宦官の魏忠賢《ぎちゅうけん》である。宦官でありながら、皇帝の乳母各氏《かくし》と深い仲だったと言うから、実際には偽装していたのかもしれない。

彼は政に無関心な天啓帝に取り入り、東廠《とうしょう》（秘密警察）の長官になって、東林党を執拗《しつよう》に弾圧した。反対勢力を容赦なく処刑したので、彼は庶民の生殺与奪の権を握ったようなものだった。

その間、天啓帝のしていたことは、細工物を作る大工仕事と彫刻であった。その仕事に入れ込む態度は真剣そのもので、民間に生まれていたら腕のいい職人になっていたろうと惜しまれるほどだった。

魏忠賢は、そんな皇帝が熱心に鑿《のみ》や鉋《かんな》を使って仕事をしている頃合いを見計らって、上奏に罷《まか》り出る。すると皇帝は煩《うるさ》がる。

「おまえの、よきに計らえ」

まさに、この皇帝の白紙委任を得るため、魏忠賢はわざと嫌がらせをするのであった。これで彼は皇帝同様の存在になり、好き勝手に政を私《わたくし》した。

この頃になると、ヌルハチの後金軍がどんどん南下して北方の城邑《じようゆう》を順次支配下に置いていって、明軍は騒然となっていたはずだ。しかし、天啓帝は外部の状況など一切関知せずに、天井裏の梁《はり》や床下の柱にまで一心に彫刻刀を滑らせて悦に入っていた。

その、身分を超越する嬉々とした姿は、想像するだに悍《おぞ》ましい。

一方の魏忠賢はスパイを全国に放って、反対派を摘発しては残虐な処刑を行っていた。また、自分を神として崇めさせるため、至る所へ祠《ほこら》を建てさせていた。

そして、彼が行列を仕立てて大路を行くとき、庶民らに「九千歳」と叫ばせるようにしていた。「万歳」は皇帝に対する賛頌《さんしよう》であるから、一千歳だけ遠慮した呼称らしい。

これだけでも彼の権力の強さと、いかに天啓帝を小馬鹿にしていたかが窺《うかが》える。

後金はヌルハチが逝去して、皇太極《ホンタイジ》が位を嗣《つ》いだ。それが一六二六年である。

それでも天啓帝は、脇目も振らず細工物の木箱を作り、細密な彫刻をこれでもかと柱に施していた。

外界と一切の接触を断っていた様子は、晩年の万暦帝を彷彿《ほうふつ》とさせるし、職人肌なようすは北宋の徽宗でもあろうか。一芸に秀でていただけに憐愍《れんびん》の情も催すが、皇帝位に即《つ》いたことが自らの人生の仇《あだ》になった例である。

彼が、どこまで明の斜陽を意識していたのか、いや、国が傾いていたことなど夢想だにしていなかったに違いない。知らぬが仏の幸せ者と言えばそれまでだが、彼が最後に力を発揮したのは崩御をもってである。

ここまで天啓帝を終始蔑《ないがし》ろにしていた魏忠賢も、これには困った。それは、彼が思うがまま振る舞えた権力基盤がなくなったからである。

新しい崇禎帝《すうていてい》（朱由検《しゆゆうけん》）の即位とともに、それまでの魏忠賢の悪事が弾劾され、彼の命運も尽きることになる。ここに職人皇帝の、最後の仕上げを見た思いだが、それは明の黄昏《たそがれ》をも招き入れることとなったのだ。

第五章　暗　愚――民なき王朝の行き着く先

名門・漢の血脈

歴史書の『三国志』では、劉備《りゅうび》を蜀《しょく》の先主《せんしゅ》とし、息子の劉禅《りゅうぜん》には後主《こうしゅ》なる表記がなされている。これは後世（特に次の帝国の朝廷）から、皇帝としての正式な諡《おくりな》を付けてもらっていないことを意味する。

諡とは、皇帝や王の崩御《ほうぎょ》後に、家臣もしくは次の国家から授けられる名で、おおむねの評価が文字に表れる。例えば文帝なら、文治主義の政《まつりごと》をした意で、聡明な皇帝なら明帝などとなる。

ここまでは賢帝の類いだが、霊帝は呪《まじな》いや儀式に凝った意で、献帝なら国家を献呈した愚昧《ぐまい》な皇帝となろう。

もっと言えば、蜀は中国の正式な歴代帝国ではなく単なる地方国で、魏《ぎ》（曹丕《そうひ》）こそが漢に取って代わった正式な帝国とされている。

その証左は、同じ『三国志』に曹操《そうそう》が一巻冒頭から武帝紀なる記述で登場することで判る。彼は生前、国王に甘んじて皇帝位には即いてはいないが、遡《さかのぼ》って皇帝同等の資格を認められて追号されたのである。そこで、武帝という厳めしい謚（武力を周囲に示した皇帝の意）を受け、「伝」ではなく「紀」という国家の興亡に匹敵する、ランクが上の叙述形式を宛《あて》がわれている。

ちなみに孫権《そんけん》は呉主《ごしゅ》という扱いで、劉備らと同等である。それは、『三国志』なる書物の魏志の総文字量に比べて、呉志の割合は四分の三程度で、蜀志に至っては四分の一ばかりになるところにも現れている。

これでは呉や蜀の扱いが、かなり簡単で粗雑になっている感が免《まぬか》れない。

小説の『三国志演義』を書いた羅本《らほん》（貫中）は、小さく扱われている部分を大きく膨《ふく》らませて物語を展開したのだ。そして劉備に、善人然とした性格付けまで施してしまった。

それはきっと漢を乗っ取った曹操を、悪役に仕立てた勧善懲悪劇に持ち込むためでもあったろう。ここで劉備の劉姓は、漢の血脈を臭わせる小道具として成功している。

しかし、彼が漢の血脈を受けているかどうかは、甚《はなは》だ疑わしい。また、よしんば正しいとしても、遡りえる先は漢の武帝（劉徹《りゅうてつ》）の異母兄である中山王《ちゅうざんおう》（劉勝《りゅうしょう》）だ。

この御仁には百二十数名の子があり、劉備はこのうちの一系譜に連なることになる。それゆえに万一漢の血筋だったとしても、傍系《ぼうけい》の傍系の傍系で、どこまで尊ばれるべきものかという疑問が残る。

ただ、劉備の捉《とら》え所《どころ》のない性格と、長身でなぜか他人の心を惹《ひ》きつける魅力など、肉体的にも性格的にも、どことなく『史記』にある「高祖本紀」の劉邦《りゅうほう》を彷彿《ほうふつ》とさせる。

その点だけでも、漢の血脈を信じさせるわけだ。

それゆえに劉備は、関羽《かんう》や張飛《ちょうひ》らと義兄弟の契《ちぎ》りが結べ、諸葛亮《しょかつりょう》も陣営に参画して軍師になったと説明できる。だから、曹操や孫権と対峙《たいじ》しても、引けを取らぬ人物となりえたといえよう。

だが息子の劉禅《りゅうぜん》は、勉学にも国家経営にも興味を示さず、指導者にはまったく不向きな性格であった。それゆえに政はすべて諸葛亮に任せ、自分は後宮で女たちに囲まれて、日々戯《たわむ》れて過ごすだけであった。

蜀の皇帝として、飾りに徹するのが彼の信条であったのだろう。それは、己の能力のなさを自覚していた所以《ゆえん》であるとも言える。そこまで徹底して自己を見限るのも、それなりの見識との批評もあるにはある。

さて、諸葛亮は蜀という国の方針として、不義の魏を成敗するという大義を打ち出す。それ

●三国時代後期

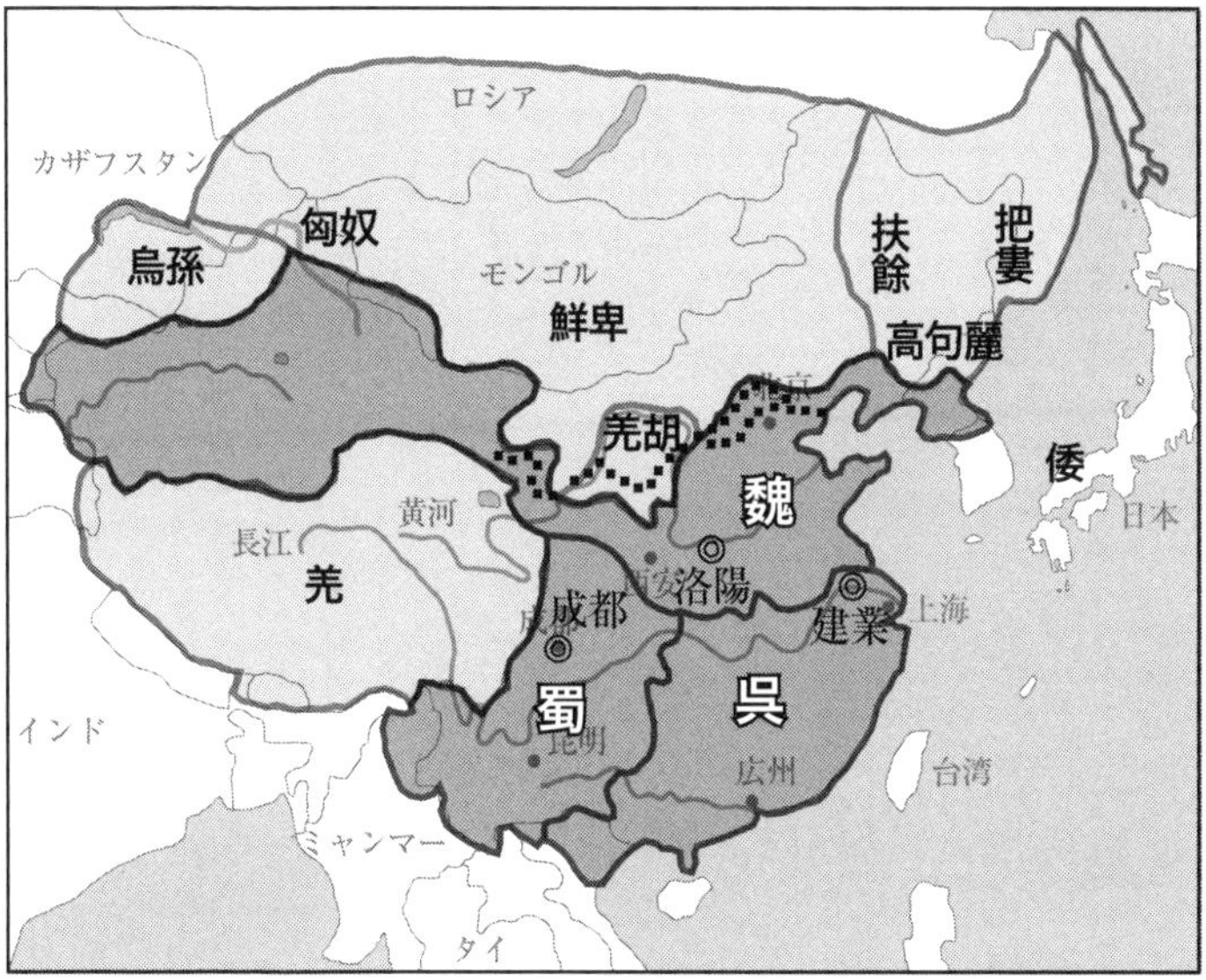

が、五度にわたる北伐になるわけだ。その最初に、彼は『出師の表《すいしひょう》』なる遠征の意義を劉禅に示している。

普通このようなものは、魏の悪辣《あくらつ》さを論《あげつら》って列挙し、それを討つ蜀の正当性を謳《うた》いあげるのが通例だ。しかし諸葛亮の内容は、自分が亡き後の補弼《ほひつ》、つまり劉禅の手助けを誰に任せるかを、詳しく申し送ったものとなっていた。

有り体に言えば、半人前の劉禅が自分以外に頼るべき人物を書き示した遺言だ。

さて、最後の北伐が二三四年の、有名な五丈原《ごじょうげん》の戦いである。だが、ほとんど干戈《かんか》は交えていない。諸葛亮は五丈原と呼ばれる台地に陣を敷いて立て籠もり、魏軍の将軍司馬懿《しばい》を挑発しただけだ。

攻めてきたほうが、敵前で籠城するなどという策戦はほとんどなかろう。

しかしこの策戦は、魏軍と膠着《こうちゃく》戦を演じている間に、呉軍を淮水《わいすい》の中流辺へ侵攻させて、魏を挟み撃ちにするものだった。それでも、聡明な司馬懿は諸葛亮の策に乗らず、持久戦へと持ち込んだ。

この睨み合いの最中でも、諸葛亮は戦争のことだけでなく内政にも気を配り、睡眠時間を極力絞って、常人の三倍は働いていたようだ。それにしたところで、彼の腐心にもかかわらず、魏軍は五丈原を睨みつけたまま動こうとしない。

それに、頼みの呉軍も期待に応える動きをする気配がなかった。

この間にも諸葛亮の過労は限界に達し、とうとう陣没の憂き目を見た。司馬懿はその時期をほぼ読んでいたが、撤収する蜀軍に追撃をかけなかった。

いや、かえって引き下がった。

これを世に、「死せる諸葛、生ける仲達《ちゅうたつ》(司馬懿の字《あざな》=通称)を走《はし》らす」と言って、司馬懿より諸葛亮の方が策士としてレベルが高いように評している。

それでも逆に、筆者は司馬懿の態度を見るにつけ、彼の読みの深さと、五丈原における諸葛亮の策戦を最後まで打ち砕く意図と、さらには諸葛亮に対する敬意すらも感じる。

打ち砕いたと明言できるのは、彼の挑発に決して乗らず徹頭徹尾攻めなかったことだ。

これで呉軍は、西から攻めることができなくなる。このため蜀軍は、行軍して籠城しただけ経費の無駄遣いになるだけだった。ここに、諸葛亮の意図は打ち砕かれたのである。

なおかつ、魏にはほとんど損失が出ていない。そして敬意とは、追い討ちをかけなかったことに見て取れる。

蜀の諸葛亮と魏の司馬懿が、ここまで知力を使った竜虎相打《りゅうこあいう》つ状況下で戦っていようとも、劉禅は何ら関心を示さず後宮で酒色に耽《ふけ》っていたわけだ。

「どうしようもない人物」と言われた帝王

さてここで、劉禅の生い立ちについて触れてみよう。

彼は確かに二〇七年、劉備と甘《かん》夫人との間に、荊州《けいしゅう》の新野《しんや》（河南省新野県）で生まれた。幼名を阿斗《あと》といった。その頃、曹操が南への野心を剝き出しにして、大軍で押し寄せてきた。

劉備は荊州の南へ逃げたが、このとき遅れた甘夫人は、阿斗ともども古井戸へ飛び込んで死のうとした。だが、運よく彼らを探しにきた趙雲《ちょううん》に助けられたとされている。

この場面も、漢の劉邦の逸話に似ている。

劉邦と項羽が天下を賭けた楚漢戦争の最中に、劉邦は一旦項羽の都彭城《ほうじょう》を占拠した。だが、遠征先で急を聞いた項羽は、空き巣狙い同様の行為に怒り、早速取って返して劉邦軍を蹴散らした。

彭城から這々《ほうほう》の体《てい》で逃げ出した劉邦は、項羽の追撃を恐れて馬車で逃げた。だが、車箱を軽くするため、乗せていた息子の劉盈《りゅうえい》と娘の魯元公主《ろげんこうしゅ》を、二度も突き落とす暴挙にでている。それを御者役の夏侯嬰《かこうえい》（曹操や夏侯惇《かこうじゅん》、夏侯淵《かこうえん》の先祖）が、いちいち拾い上げて劉邦に諫言《かんげん》して姉弟は助かったのだ。

『史記』に記述されているこの話を、劉禅は後日誰かに聞いたろう。いや、あるいは自ら読んだかもしれない。

そして、劉禅は古井戸事件に思い当たる。無論、赤子だった彼に記憶などない。

「おまえのお蔭で、儂《わし》は大事な将軍を失いかけた。終生、趙雲の恩を忘れるな！」

劉備は物心付きかけた劉禅に、そう言って聞かせた。だが劉禅の心には、大きな不安が暗い空洞となって拡がる。

父の劉備が趙雲の功績ばかりを言い募るのは、劉盈や魯元公主同様、母の甘夫人と自分を置き去りにした自らの汚点を隠すためではないのか？　それを、夏侯嬰のごとく忠義を尽くした趙雲を引き立てて、ちゃっかり消し去ろうとしているに過ぎない。

それを母（甘夫人）に質《ただ》そうにも、彼女は二〇九年に亡くなっていて叶わない。だから劉禅は、後宮の女たちに真相を訊くべく、いつも彼女たちと遊んで暮らしたのかもしれない。

しかし、だれも言葉を濁して真相を語ろうとはしない。その不自然さに、さすがの劉禅も気づく。あのとき、自分は劉備にとって不要な息子だったのだと。

彼は自らの立場を悟ってから、さらに積極性を欠いた青年となっていったのではなかろうか？　政は、放っておいても諸葛亮もしくは後継者と指名された、蔣琬《しょうえん》や董允《とういん》、費禕《ひい》らがしてくれる。

だから劉禅は、国家の飾りに徹しようと決めたのだろう。

「後宮の姫妾を増やして欲しい」

「経費を、これ以上増やすわけには」

それでなくとも、五度にわたる北伐で蜀の財政は逼迫《ひっぱく》している。二四六年、蔣琬が没して魏との緊張も絶えない最中、倹約と殖産が焦眉の急であるのに、劉禅は暢気《のんき》な要求をして董允に意見されている。

そのような状況を巧《うま》く利用したのが、宦官の黄皓《こうこう》だった。費禕が前線へ出払って董允の目が届かないのを幸い、彼は後宮の姫妾を黙って増やした。これ以降、劉禅は黄皓を寵愛し、やたらに恩赦《おんしゃ》を濫発《らんぱつ》する出鱈目《でたらめ》な采配が、蜀の余命を一層縮めていった。

二五三年、費禕が魏からの亡命者を装った刺客《しかく》に倒され、事態は一層深刻になる。蜀の内情を見据えた魏の侵攻が懸念される中、姜維《きょうい》が防戦に努めていた。

この武将は黄皓を奸賊と見て、成敗するつもりの硬骨漢だった。それゆえ、黄皓からは疎《うと》まれ、魏軍の侵攻に対する姜維から劉禅への援軍要請書は、黄皓に握り潰されていた。

だが、これは蜀が自らの首を絞める結果となり、二六三年、魏将の鄧艾《とうがい》や鍾会《しょうかい》の侵攻をあっさり許してしまう。これに対して張飛の孫張遵《ちょうじゅん》や趙雲の息子趙広《ちょうこう》、諸葛亮の息子諸葛瞻《しょかつせん》、孫の諸葛尚《しょかつしょう》らは全員が討死《うちじに》している。

劉禅は、ようやく蜀の国内で起こりつつあることを理解した。そして、鄧艾が蜀の成都に迫ったと聞いた途端、白装束に着替えて棺《ひつぎ》を担ぎ、後ろ手に縛られた格好で敵将を出迎えた。それは、降伏の意思表示である。

劉禅が国家国民のために皇帝らしい振る舞いをしたのは、このときが最初で最後といえよう。降服後、彼は処刑もされず洛陽へ護送された。そこで司馬昭から安楽公なる称号を授けられ、家臣や姫妾も何人か添えられて安穏と生活を送ることができた。そして、王侯貴族の宴会に呼ばれては、人寄せパンダ風に末席を汚して人気を博した。

あるとき、司馬昭は意地悪く、楽団に蜀の音楽を演奏させてみた。だが、流れてきた旋律に、家臣たちが涙を流しても、劉禅はピクリともしない。その無感動さに司馬昭も呆れ果て、別の機会に質問をする。

「少しは、蜀のことを思い出されますか？」

すると、劉禅の応えが振るっていた。

「洛陽の生活が楽しくて、蜀でのことはすっかり忘れました」

さすがに側近の郤正《げきせい》が焦って諫言する。

「このようなときは必ず、『先祖の墓がありますゆえ、西を向くと心悲しく、一日とて思い出さぬことはございませぬ』と、お応えくださいますよう」

彼は口を酸っぱくして諭《さと》した。

後日、司馬昭が同じ質問をすると、下手《へた》な役者のように教えられた台詞《せりふ》をなぞった。

「またまた、郤正の教育の賜《たまもの》ですな」

「はい、そのとおりにて。はっはっは」

これには周囲が爆笑したという。だが、同時に皆が思ったことは、蜀を守ろうと必死に戦った者たちの無念さだった。それでも、劉禅は覇気のない女好きの帝王だったが、少なくとも暴君ではなかったのが救いだ。

こうして劉禅は、虜囚《りよしゆう》たること七年の二七一年に薨去《こうきよ》した。「扶不起的阿斗《たすけようもないあと》（どうしようもない人物）」という、中国人の人口に膾炙《かいしや》した故事成語を残している。

暗愚に磨きがかかった蜀《しょく》と陳《ちん》の後主

劉禅が世を去ったとき、魏はすでに晋に乗っ取られていた。初代皇帝は、司馬懿の孫に当たる司馬炎《しばえん》だった。彼は二八〇年、呉を滅ぼして全国統一すると、その安心感からか毎夜後宮を巡って褥《しとね》をともにする相手を漁《あさ》った。

相手が多く選びかねるので、羊に車を牽《ひ》かせて止まった所と決めた。羊の習性を心得た姫妾がいて、戸口に塩を盛った。するとヽ羊はそれを口にしたいため止まる。

こうして盛塩《もりじお》の習慣ができたとの逸話がある。さて、その祟《たた》りでもあるまいが、司馬炎の息子(皇太子の司馬衷《しばちゅう》)は、かなり出来が悪かったとされている。

彼の暗愚は生来だったようで、それを利用して実権を握ろうとした后《きさき》の賈南風《かなんぷう》が責められるべきかもしれない。彼女については、第八章の「悪妻型皇后」に稿を改めようと思う。

結論から言えば、彼らのために(西)晋は短命に終わり、一族が南へ逃れて東晋を建てるに至った。南北朝時代の到来となるのだが、以降の南朝には宋《そう》、斉《せい》、梁《りょう》、陳《ちん》が並び立つことになる。

ここからは、南朝最後の皇帝たる陳叔宝《ちんしゅくほう》について述べよう。

彼の父親たる陳の宣帝《せんてい》は、短いながらも南朝陳の最盛期を築き上げた傑物である。彼には二十二人の姫妾がいて、四十二人の男子を儲けている。にもかかわらず、なぜこのような愚昧な男子が後継者になったのか？　それはただ、長男であったからに過ぎない。

この時代、北朝の帝室は遊牧民族の鮮卑系である。それゆえ、彼らは長子相続に拘《こだわ》らなかった。一方の南朝は晋の亡命貴族の末裔《まつえい》であるから、杜牧《とぼく》が「四百八十寺《しひゃくはっしんじ》」と詠じたごとく、よく言えば漢民族の仏教文化が花開いていたのである。

だが、儒教の長子相続の思想も偏重されたようだ。したがって、宣帝が営々と築いた陳の富を、皇帝に即位した陳叔宝が喰い潰していくことになる。

彼が即位した五八二年は、北朝の北周から隋が出てきた翌年となる。つまり、隋は新しい都大興城《たいこうじょう》（長安郊外）を天才建築家の宇文愷《うぶんがい》を用いて築かさせるほど勢いがあったのに対し、陳は淮南《わいなん》の領土をすべて失い、宣帝も崩御して、もはや斜陽が始まっていたのである。

実際、少しでも周囲を見る目のある皇帝なら、この事実を真剣に受け留め、長江で水軍を構えて国の防備を堅くしていくはずだ。しかし、陳叔宝は国政を顧《かえり》みなかった。

それは、頼りになる父宣帝が、確固とした国を造ったはずで、陳が滅びるはずなどないと信じ込んでいたからだ。それと、隋からは一衣帯水《いちいたいすい》の地と呼ばれていたことも、彼を勇気づけていた。

一衣帯とは一本の帯という意味である。水は河であるから、一本の帯のような河に仕切られた土地という意味だ。現在では、すぐ近くの異国を言うときに使われる。それを陳叔宝は都合よく結界の意に取って、長江は北の武力を阻《はば》むと思い込んでいたのだ。

だが、隋の首脳陣は、叫べば聞こえて和平（陳の無血開城）を話し合えるが、攻めるのならば軍船を仕立ててすぐに対岸を襲える程度にしか思っていなかった。

こうして隋の文帝は、着々と征服の準備をしていたのである。それに比べて陳叔宝は、離宮ばかりを造って廊下でつなぎ、それぞれに美女を侍らせていたという。その中でも張貴妃《ちようきひ》の美貌は譬《たと》えられようがなく、隋にまで噂が流れていたほどだった。

ゆえになおさら、陳を征服したいと隋の侵攻の意欲を煽っていたのは皮肉だ。

そのようなこととは陳叔宝もつゆ知らず、連日浮かれていた。彼の周囲には、ただお世辞だけに明け暮れる大臣がいて、宴会に使う金銭を、税を上げることでしか捻出《ねんしゆつ》できなかった。また、狎客《おうきやく》と呼ばれる側近の詩人（文人）たちが取り巻き、連日連夜、宴飲と歌舞音曲に明け暮れていた。

これでは桀王（夏）と紂王（殷）の「酒池肉林」、「長夜の飲」の二の舞である。

彼が唯一できたことは、風流皇帝に似た詩作であった。『玉樹後庭花《ぎよくじゆこうていか》』と呼ばれる作品は、艶麗で技巧的な「宮体詩」の代表である。おそらく、張貴妃がモデルであったろう。

このようなようすは、当然ながら隋の間諜（スパイ）たちに悟られて、文帝にも聞こえたはずだ。それゆえ、時間の問題で隋が攻めてくる。陳でも、そこまで考えの及ぶ者は、無論大勢いた。

しかし肝心の皇帝や大臣側近が、まったくと言っていいほど警戒しないのだから、話にならない。いや、隋の脅威を語ると処刑されるので、誰もが口を噤《つぐ》む。

このような陳に対し、五八九年、隋は五十万以上の大軍で長江を押し渡ってきた。総大将は文帝の次男楊広《ようこう》（後の煬帝《ようだい》）である。陳軍は雪崩《なだれ》に打たれるような負け戦を喫していた。

長江に阻《はば》まれると信じていた陳叔宝は、隋軍に陳領へ侵攻されると、ただ逃げ隠れだけを考えた。狎客の姿など疾《と》っくに消え失せ、数少ない忠臣が降伏の作法を伝えた。

だが陳叔宝は従わず、張貴妃や孔貴人と一緒に空《から》の井戸に隠れた。それで見つからぬと思っているほど、彼の頭脳は幼かった。

彼らは一番乗りしてきた部将韓擒虎《かんきんこ》に捕らえられ、将軍の高熲《こうえい》は後日の禍根を断つために張貴妃を斬っている。

寵妃を失った陳叔宝は大興城へ連行された。滅ぼされた国の皇族は、再興を謀らぬよう普通は処刑される。だが、陳叔宝は生かされた。隋の文帝は、人一倍猜疑心《さいぎしん》が強かったとされている。その文帝が許したのであるから、陳叔宝の暗愚は推して知るべしである。

彼は、陳の元皇帝として飼い殺しにされたのであるが、隋皇帝の行幸に随行したり、貴族の酒宴に呼ばれたりしていた。これは一種の道化役で、蜀の劉禅とそっくりな晩年を送ったといえよう。

彼は日常も、酒浸りの生活だったと記録されている。それは、陳を滅ぼしたことに何ら痛痒《つうよう》を感じていないという批判の証左にはならない。安穏な生活と張貴妃を亡くした虚無感から、暗澹《あんたん》たる自己嫌悪に陥っていたとも考えられる。

陳叔宝が享年五十二で天寿を全うしたのは、六〇四年の暮れであった。彼の虜囚生活は、劉禅の倍近い十五年にも及んでいる。その年の初秋、文帝の崩御があり、楊広が兄を抑えて即位している。

楊広は陳叔宝に長安県公と追封し、皇帝としては「煬《よう》」の字を贈っている。つまり、陳叔宝は後日、いや、少なくとも隋の時代は、「煬帝《ようてい》」と呼ばれていたことになる。

それでも唐の時代になって、歴史家は彼を「帝」と呼ぶには相応しくないと評価し、「陳の後主」と呼び習わしたのである。

また、陳叔宝に「煬」の字を贈った楊広が崩御の後、唐から「煬」の字を贈られたのも皮肉な当てつけだ。我が国でも、楊広を「煬帝《ようだい》」と特別な発音で差別化している。

蜀と陳の後主らは、捕らえられて以降の生活に真の姿があるようだ。いや、もともとの徹底した暗愚に、さらなる磨きがかかったと言うべきなのであろう。

まさか、爪を隠していたはずの鷹が、鳶《とんび》以下の燕雀《えんじゃく》に下落したわけでもあるまいに。

中国大陸は、まさに戦乱に次ぐ戦乱の歴史であった。「国は民あることを知らず、民は国あることを知らず」が王朝と人民の関係で、戦で王朝が替わるたびに飢饉や大虐殺が繰り返された。例えば一八四年の黄巾の乱で後漢が滅亡したとき、人口六千万人が十分の一以下の五百万人程度に減少したという。

王朝が交替するとき、前王朝のほぼ全員が殺され、土地が収奪される。人口が大幅に減って土地がふんだんにあるのだから人民に分配でき、社会は活気に満ち溢れ発展する。つまり、破壊の後の回復期だけは政治がうまくいくのだ。しかし、人口が増えすぎると食べ物の奪い合いが始まり、再び戦乱に突入するのである。

現在の中国は人口が十四億人とも十六億人ともいわれている。民族の数は五十六で、うち漢民族が九十四パーセントを占め、五十五の少数民族は六パーセント程度である。しかし、大半を占める漢民族自体、古代の漢民族とは違うという。後漢が滅んだ時点で多くの漢民族が滅び、さらに北朝の隋が南朝の陳を滅ぼした段階で、漢人は事実上消滅したと言うべきなのだ。

第六章　廃　位――外敵より恐ろしい宮廷内闘争

後宮の呪詛《じゅそ》合戦

かつて華々しい業績をあげて何らかの公的な表彰を受けた者が、不祥事（虚偽の評判も含む）を起こして世間の非難を受けた場合には、栄光を取り消されることがある。我が国でも柔道界や音楽界でこのような事件があったことは、我々の記憶に新しいところだ。

さて、ここで話すのも似たようなことだが、皇帝や皇后の位をなかったことにするのであるから、離婚のような個人的立場の解消とはまったくスケールが違う。公的ではあっても紙切れ一枚の軽い問題ではなく、大袈裟に言えば国家的事件となる。

余談だが、現在でも各国の大統領（総理大臣）夫人たるファーストレディーというと、マスコミは無条件で挙《こぞ》って持《も》て囃《はや》す。だが、これらの夫人は夫との個人的な関係であり、皇后のような位ではない。

ファーストレディーは離婚すれば、あるいは大統領が死亡や失脚しても、ただの世間一般の女性になってしまう。

だが、皇后となると根本的に立場が違う。離婚はほぼあり得ないし、夫たる皇帝が崩御すれば、地位を失うどころかかえって皇太后に昇格する。

ただ、革命などによる夫の失脚は国家の滅亡だから、そこは一蓮托生《いちれんたくしょう》になっても仕方がなかろう。しかし、格好だけはつく。

それゆえに彼女たちが一番怖かったのは、廃位であった。

皇后の廃位から話を始めよう。

漢《かん》の最盛期をもたらしたのは武帝《ぶてい》（劉徹《りゅうてつ》）である。だが彼は、生まれながらにして皇帝になるべく、レールを敷かれて人生を出発させていたわけではなかった。幼少期には、すでに異母兄（劉栄《りゅうえい》）が皇太子の座に即《つ》いていたのである。

しかし、異母兄の母親栗姫《りつき》は非常に嫉妬心《しっとしん》が強く、夫景帝《けいてい》（劉啓《りゅうけい》）に姫妾を紹介する者を心の底から怨《うら》んだ。

その相手は誰あろう、夫たる皇帝の姉（館陶長公主《かんとうちょうこうしゅ》）であった。長公主（一番上の皇女）がこのようなことをするのは、宮廷内での勢力を確保して、優位な立場を保ちたいためである。

「わたくしの娘阿嬌《あきよう》を、栄皇太子の妃《きさき》にしていただけまいか？」

「世迷《よま》い言《ごと》も、たいがいになされよ」

普段から恋敵を夫に紹介しておきながら、何をぬけぬけと！

長公主の下手《したて》に出た申し入れを、栗姫はにべもなく拒絶する。しかし、黙って引き下がる長公主ではなかった。

「御存じでしょうか？　栗姫は寵愛が薄れたことを怨んで、主上を呪《のろ》っておりますぞえ」

この時代、巫蠱《ふこ》という呪詛《じゆそ》があった。

桐の人形を相手に向けて置き、巫女に調伏《ちようぶく》させるのである。それを誰にも本気で信じられていたから、呪詛は犯罪行為と明文化されていた。

それゆえ、実際に呪詛したかどうかより、ただの疑わしい噂だけで、その主は失脚の憂き目をみる。

「皇太子殿下も立派に成長されましたから、そろそろ栗姫様を、皇后に昇格してさしあげればいかがでしょう？」

長公主は、ある高官にそう進言させた。無論、逆効果を狙ったのである。

「慮外者！」

栗姫の呪詛に苛立《いらだ》っていた景帝は、神経を逆撫でした高官を即刻処刑した。

そして、返す刀で劉栄を皇太子の地位から引き摺《ひず》り降ろした。前一五〇年、代わって皇太子位に即いたのが、当時七歳の劉徹（後の武帝）である。

これは劉徹の生母（王夫人）と長公主との間で、すでに彼と阿嬌の婚約が成立していたからだ。まさしく、長公主のロビー活動が物を言った一齣《ひとこま》だ。

九年は何事もなく過ぎ、景帝が崩じて武帝が即位したのは前一四一年である。そこで自動的に阿嬌が皇后（陳皇后）に収まった。

しかし、彼女は母親の館陶長公主の働きで夫が皇帝になれたとばかり、かなり気位が高く横柄だった。

これでは武帝も、面白かろうはずがない。それゆえ彼は、姉の平陽公主《へいようこうしゅ》の屋敷で骨休みするのが常だった。

ただ、この姉も伯母（館陶長公主）と同じことを考えていた。そして、自前の歌姫を紹介する。中にいたのが、衛子夫《えいしふ》（後の衛皇后）である。

何かに付けて、即位を恩に着せるような阿嬌と、従順な衛子夫とでは、男心がどちらに傾くか論《ろん》を俟《ま》たない。寵愛が衛子夫へ移ってめでたく長女を出産すると、阿嬌は衛子夫の弟（衛青《えいせい》）を拉致《らち》しようとした。

だが、彼の友人公孫敖《こうそんごう》らの反撃でそれに失敗すると、彼女はついに巫蠱へ手を染める。呪う相手は、無論衛子夫であろう。

実際に始めると、皇后が巫女のもとへ出入りしたりして、それとなく噂が立つものだ。阿嬌のそれも、やがては武帝が察知して部下に証拠品を見つけさせて告発させた。

普通なら処刑だが、皇后を抹殺というわけにもいくまい。それに、母親（彼の伯母）長公主には義理もある。

そこで前一三〇年、後宮から追い出して廃位となったわけだ。

代わって皇后の座に即いたのは、衛子夫である。前一二九年、長男の拠《きょ》を産むと、彼は皇太子に冊立《さくりつ》された。すると、「母は、その子ゆえに尊し」と『春秋』にあるのを根拠に、彼女は皇后とされたのだ。

その年、弟の衛青が匈奴への大遠征を成功させ、衛一族は大いに繁栄する。

話はここで一応の大団円《だいだんえん》を迎えるが、そのまま終わるわけではない。

皇后と皇太子の地位は、その後三十八年安泰だった。つまり、武帝も、皇帝としては珍しく長寿を保ったことになる。

父子の戦い

ところが、武帝も歳を重ねると人を見る目に曇りが出てきた。彼は、江充《こうじゅう》なる自己顕示欲の強い奸臣を登用してしまった。この男は、皇族にも遠慮せず法を適用することで名を上げてくる。

それはそれで一見立派な振る舞いに見えるが、法の運用を公平にすることが目的ではなかった。要は売名行為である。

それゆえ、ある程度出世すると、槍玉に挙げた皇太子を逆に恐れだした。高齢の武帝が崩御すれば、皇太子拠が即位する。そうなれば復讐されるだろうとの懸念が、彼の脳裏には芽生えていた。

そこで、最近の皇帝と皇太子の親子関係を利用することを思い立った。

武帝と皇太子拠の仲はしっくりいっていない。それは、武帝の精神が弛緩《しかん》して、物忘れや判断ミスがつづいて、それを皇太子拠に指摘されて不愉快に思っていたからだ。

「お聞き下さい。皇太子殿下は、主上に疎《うと》まれていることをお恨みになり、巫蠱の疑いがございます」

こんな讒言《ざんげん》を、武帝はまさかと思ったが、江充に調べさせた。これこそ、奸臣の思う壺である。こんな男が証拠品を捏造《ねつぞう》するなど、朝飯前であったろう。

彼が証拠品を見つけたとして騒いだのは、武帝が郊外の甘泉宮《かんせんきゅう》へ養生に行っている間だった。江充は武帝から行動を怪しまれまいと図ったのだろうが、逆に皇太子拠に陰謀を見透かされて、捕らえられて処刑される。

前九一年、ここで皇太子拠は、父親武帝からの誤解をゆっくり解こうと、まずは都の長安を封鎖してしまった。

だが、これは武帝から政変を謀ったように思われ、さらなる誤解を生み内乱に発展する。ここにおいて長安は、武帝と皇太子拠を中心とした兵たちの戦場と化した。

こうなると、一見惚《ぼ》けたように見えていた武帝は本領を発揮して、冴《さ》えた陣頭指揮を執《と》る。結局は、戦いに馴れていない皇太子拠の旗色は悪くなり、ついに敗走して追っ手に斬殺される羽目に陥った。

これを巫蠱《ふこ》の乱といい、衛皇后まで共謀を疑われたうえに位を廃され、自害させられてしまう。

だが、後にそれらはすべて冤罪《えんざい》と判明する。

最晩年に、最愛の皇后と皇太子を誤解から失った武帝の落胆は、想像するに余りある。彼は最期に臨んで、後継者（弗陵《ふつりょう》＝昭帝）を決めた。

まだ八歳の少年だったため、霍光《かくこう》や金日磾《きんじつてい》らが補佐をして守《も》り立てた。

この後（前八二年）、斬殺された皇太子拠は身代わりで、我こそは本物という偽皇太子事件や、匈奴に囚われていた蘇武《そぶ》の帰還、専売制度を廃止するか否かの塩鉄《えんてつ》論争（前八一年）などを処理して、霍光は漢を運営した。

だが、彼の努力の甲斐もなく、昭帝は前七四年に享年二十一で崩御してしまう。困ったことに、公子がなく、養子を皇太子に立てるような手立てもしていなかった。

この頃、最高権力者に出世していた霍光は、上官《じょうかん》皇太后（上官は苗字。霍光の外孫）と協議し、武帝の孫に当たる劉賀《りゅうが》を皇帝として招聘《しょうへい》することにした。

どのような人物かはよく判らなかったが、三公九卿《さんこうきゅうけい》らの大臣をはじめ官僚らも、期待をもってその到着を待っていた。ところが、その行列が城門を潜ってきたとき、宮廷人らは全員我が目を疑って唖然とした。

まずはその身形《みなり》である。少なくとも、王侯の行列とは思えぬほど、格式に則《のっと》っていなかった。

それは単に、整然としていなかったからだけではない。同道してきた親衛隊と思《おぼ》しい者らの身形も、ほんの数人を除いて、冠どころか蓬髪《ほうはつ》のまま無精髭を生やし、衣服も整えず襤褸《ぼろ》をまとったごとく乱れていて、まるで盗賊か破落戸《ごろつき》の集団のように見えた。

異形《いぎょう》の衆は、呆れる宮廷人を尻目に、堂々と宮殿に入っていく。

劉賀はまず皇太子に冊立《さくりつ》され、日をおいて仮の皇帝に即位した。その途端、彼と側近どもがはしゃぎだす。しかし、霍光らはしばらくようすを見るしかなかった。

劉賀を中心とした集団は、言葉遣いも振る舞いも非行少年そのままの行為に走った。まだ、昭帝の遺体が安置されている広間で酒宴を張っては宮女を組み敷き、官僚たちの服喪を願う申し入れにも、まったく聞く耳を持たなかった。

このような狼藉《ろうぜき》が、連日連夜繰り返され、周囲はなすべきことを知らなかった。当然ながら、彼を選んだ霍光の悔いは深くなる。

「このままでは、漢の社稷《しゃしょく》（皇帝が祀《まつ》った土地神と五穀の神。転じて国家そのもの）は保《も》たなくなる」

反省と同時に、彼は事態をどう収拾解決するかに腐心した。いわば、暴走族以外に何の取り柄もない若者を、あろうことか最高権力者の座に据えてしまったのだ。手を拱《こまね》いて放っておくと、誰に危害が及ぶか計り知れない状況に陥ったと言える。

だが、ここに龔遂《きょうすい》と王吉《おうきつ》なる衣冠を正した劉賀の側近が現れ、「親拝《しんぱい》の儀式」をさせるなと進言にきた。それは高祖（劉邦）への正式な挨拶《あいさつ》で、それをすませた後、正式な皇帝になるものだ。

彼らは劉賀の無軌道振りを、日頃から憂慮していた者たちらしい。

霍光は、彼らの言葉に光明を見いだした思いだった。それなら、儀式を逆手に取ろうとの計略に思い至る。

「親拝の儀式にお連れ致します」

霍光は因果を含めて、劉賀と側近たちを儀式の場へ案内した。途中で、「官位のない方々はこちらへ」と、側近を兵士に囲ませて武装を解除した。そうとは知らぬ劉賀だけが、上官皇太后の前へ引き出される。

「昌邑王（劉賀）は、先帝の服喪中にもかかわらず、宴飲と淫行が甚《はなは》だしく……」

霍光が読み上げる声明は、親拝の口上ではなく告発だった。こうして上官皇太后の権威で、仮の皇帝（劉賀）は廃位され、側近や部下たちは龔遂と王吉を除いて処刑された。

御乱行・御乱心の皇帝たち

廃位された中国の皇帝は、無論彼一人だけではなく、調べてみれば他にも三十人以上いる。これらの第一号が劉賀である。しかし他をつぶさに見てみると、ほとんどは傀儡《かいらい》の幼児か少年が、外戚たちに都合よく扱われているケースが多い。

それでも、御乱行の果てに廃位された者もある。例えば『三国志』時代で呉の最後を飾った皇帝（孫皓《そんこう》）は、宮殿を改築して長江の流れを引き込み、面白半分に宮女を殺しては突き落としていた。

政を真面目にせねば人心は離れる。それゆえ、晋が攻めてきたときには、庶民も呉が滅びることを期待していたようで、晋軍の攻略に抵抗すべき兵卒も全員が逃亡して、呉は国土を守備できなくなった。

捕らえられた孫皓は晋の都洛陽《らくよう》へ連行されて、諸侯の位のみを与えられた。死後、皇帝としての諡《おくりな》などない。

五胡十六国の氐族《ていぞく》（苻健《ふけん》）が起こした前秦《ぜんしん》の二代皇帝苻生《ふせい》も暴政で名を残している。彼は生まれつき眇《すがめ》（一方の目が異常に小さかったという）であったため、容姿を不吉だと忌み嫌った祖父苻洪《ふこう》から、何かにつけ打擲《ちようちやく》を繰り返されたという。

親族から暴行を繰り返されたせいか、皇帝位に即いた彼は暴虐を繰り返した。まずは家鴨《あひる》、鵞鳥《がちよう》、鶏などの羽をすべて毟《むし》り、馬、牛、羊などの皮を生きたまま剝《は》いで放ったりした。

想像するだに身の毛も弥立《よだ》つ光景である。

これでは人心を掌握できまい。いや、暴虐はさらにエスカレートして、罪人の顔の皮を剝いで踊らせたり、部下や姫妾を殺害したため、ついに従弟《いとこ》の苻堅《ふけん》を担ぐ一派に斬殺された。

彼も死後廃帝とされて、諡号《しごう》はない。

南北朝時代の宋では、五代目の劉子業《りゅうしぎょう》が臣下を次々に殺したため、また同じ宋の七代目劉《りゅう》昱《いく》も外出しては通行人を殺す所行に及び、大臣をも除こうとして逆に殺された。

この二人は死後皇位を抹消され、前廃帝と後廃帝と記録されている。

似たような人物は他にもいるが、ほとんどは右のごとく死後廃帝となっている。そう見れば、生前に皇太后から廃位を告げられた劉賀は、特異な存在だったかもしれない。

自分の母親に廃位された皇帝も二人いる。唐の中宗《ちゅうそう》（李顕）と睿宗《えいそう》（李旦）で、彼らは則天武《そくてんぶ》后《こう》に皇帝として冊立され、彼女の都合だけで廃されている。こちらは行いが悪かったわけではないが、御本人らも至って頼りない人物である。

日本では明治天皇の温情で、形式上は廃帝と言われる天皇がいないことになっている。だが、明治まで淡路廃帝と言われた四十七代の淳仁《じゅんにん》天皇がいる。彼は藤原仲麻呂《ふじわらのなかまろ》を後ろ楯にして隆盛を誇ったが、弓削《ゆげ》の道鏡《どうきょう》と結んだ孝謙《こうけん》上皇に廃され淡路へ流されて、その地で崩じた。

その間に孝謙上皇は重祚《ちょうそ》（二度皇位に即くこと）して、称徳《しょうとく》天皇となって政を始めることとなる。

また、五十七代の陽成《ようぜい》天皇も、やたらに人を殺傷したので廃位されたとされるが、藤原基経《もとつね》との確執があって「御乱心」を言い募られた可能性もある。

精神疾患がある場合、長寿は望めないものだが、彼は位を剥奪《はくだつ》されてから六十五年も生き延び、享年は八十二であった。

それらを合わせ見ると、「精神錯乱」は捏造《ねつぞう》と見るほうが順当だろう。

八十五代の仲恭《ちゆうきよう》天皇の場合は、父順徳《じゆんとく》天皇と祖父後鳥羽《ごとば》上皇が一二二一年に承久《じようきゆう》の変を起こすためだけに天皇とされた存在である。在位二カ月半余りは一番短く、周囲に弄《もてあそ》ばれた感を禁じ得ない。

皇帝を股間に弄《ろう》した女

さて、前述の前漢では劉賀の一件は落着したが、肝心の皇帝に誰を迎えるかは、結局振り出しに戻ってしまった。そこで武帝の血筋を洗い直す作業から始められた。その結果、巫蠱の乱で平民になった皇太子拠の孫（劉病已《りゆうへいい》）が探し出されてくる。

それが宣帝《せんてい》である。

平民として育った彼は慎み深く、奢《おご》ったところがなかった。すでに許平君《きよへいくん》という妻と、奭《せき》（後の元帝）なる息子がいた。そして、彼の即位とともに許平君は皇后の位に昇り、奭は皇太子となる。

これを面白くないと思っていたのが、霍光の妻である夫人顕《けん》だった。それは娘の霍成君《かくせいくん》を、皇后にしたかったからだ。彼女は強引にも、許皇后を毒殺するという暴挙に及んだ。

これは霍光の指示ではなく、彼女の独断専行だった。そして、真相を知った夫は呆然《ぼうぜん》としたと伝えられる。もう、霍光の地位と権力で、妻の犯罪を握り潰すしかなかった。

夫人顕は、最初の目論見どおり娘（霍成君）を皇后にすることができた。しかし、宣帝は姑《しゅうとめ》を疑っていた。そして、前六八年に霍光が卒すると徹底的に捜査を命じ、霍氏一族を滅ぼした。それと同時に霍皇后も廃位している。彼女の母親が先妻を毒殺していたのだから、当然であろう。

ここから、宣帝の親政が始まるが、側近に司馬遷《しばせん》の外孫楊惲《ようらん》がおり、彼が母の実家（司馬遷の住居）から『史記』を見つけたとき、その重要性に宣帝も気づいてくれたので、以降の歴史書の基礎にできたのである。

毒殺された許皇后の従兄弟の娘（許誇《きょこ》）を、宣帝の息子である元帝（劉奭）が可愛がり、皇太子（劉驁《りゅうごう》）の妃に迎えた。

元帝は、王昭君《おうしょうくん》を匈奴の呼韓邪単于《こかんやぜんう》（単于は大王）に嫁がせた逸話を持つが、成帝となった劉驁は後宮の美女を尻目に、民間の遊郭へ入り浸って放蕩《ほうとう》の限りを尽くした皇帝として有名だ。

もっとも、即位当初は許皇后（許誇）以外の姫妾を近づけないほど寵愛していた。だが、子ができないことと、天変地異がつづいたことを、許皇后（許誇）のせいにされた。

恐らくは、後宮の姫妾たちの勢力争いから根も葉もないことがまことしやかに言われたのであろう。それからは、成帝の寵愛が薄れていった。

他の姫妾が懐妊すると、許皇后（許誇）の姉が皇后たる妹に代わって巫蠱を行っていたことが発覚し、許皇后（許誇）は廃位される。

だが、話はここで終わらない。

当時成帝が寵愛したのは趙《ちょう》姉妹で、姉の飛燕《ひえん》は皇后に冊立されるが、他の姫妾が産んだ子を誘拐して殺害したことが発覚し、成帝の寵愛を失う。

すると成帝は、妹の合徳《ごうとく》ばかりを寵愛するが、彼女と同衾《どうきん》している最中に頓死《とんし》する。これは、後宮の一大事として王皇太后（元帝の皇后）が徹底的に調査した。そのため、妹の合徳は自殺に追いやられた。

稗史《はいし》、つまり民間伝承としての俗説では、合徳は房中術を駆使して成帝を虜《とりこ》にして性の快楽に耽《ふけ》った挙句、精力剤を服用させ過ぎて腹上死させた。その行為は怪しからぬと、王皇太后に弾劾されたため自殺したことになっている。その際の台詞《せりふ》が際立っている。

「わたくしは主上を股間に弄《ろう》した。女の本懐、これに優るものがあろうか！」

天晴れな嘯《うそぶ》き方である。

この後、姉の趙飛燕は皇太后に昇格するが、彼女の不行跡は公然の秘密で、権力は無きにも等しかった。廃位の憂き目は見なかったものの、これこそ余生は針の莚《むしろ》で、より以上に厳しい生活を送らねばならなかったろう。

このような皇帝の後、漢の国力はどんどん落ちて、王皇太后の甥《おい》に当たる王莽《おうもう》に簒奪《さんだつ》されることになる。

今回の皇后廃位は前漢の時代を中心に書いてみたが、皇帝廃位と同様に、他の時代も無論数多《あまた》ある。

第七章　美　男——必ずしも幸運とは言えない彼らの人生

君主の寵愛《ちょうあい》は気まぐれ

古典における美男と思われる一人に、顔回《がんかい》（字《あざな》＝通称は子淵《しえん》）がいる。勉学を好む情熱と無心な態度を孔子《こうし》に絶賛され、後継者と目されるほどであった。それゆえ師の依怙贔屓《えこひいき》とも言える愛を一身に受けたとされる。

孔子の顔回に寄せる愛情は、単なる師と弟子の範疇《はんちゅう》を超えて、一種異常性すら感じさせる。ただ、それにしても、顔回の容貌以上に、学問への情熱や日常の生活態度までも愛したようだ。

さて同時代、魯《ろ》より北西に衛《えい》（現在の河北省西部）という国があった。その頃の君主は霊公《れいこう》（姫元《きげん》）で、お世辞にも名君などと呼べる人物ではない。彼には寵愛する美青年がおり、名を弥《び》子瑕《しか》といった。

　彼らが男色関係にあったことは確かで、果樹園へ赴いたとき、弥子瑕が食べた桃が非常に美味だった。そこで、彼は粗忽《そこつ》にも食べさしの物を霊公に献じてしまった。

「弥子瑕は、旨《うま》いものを寡人《わし》に喰わしたい一心で、無礼であることを忘れたのじゃ。ほんに、愛《う》いやつじゃ」

　また、弥子瑕の母が病に臥《ふ》せっているとの知らせが届くと、彼は霊公の専用車に乗って帰省した。当時これは衛の法で、脚切りの刑に相当する。

「恐ろしい罰をも忘れるとは、本当に親孝行なやつじゃな」

　霊公の寵愛ぶりは、かくのごとき目に入れても痛くないほどの御執心ぶりだった。ところが、弥子瑕も歳を重ねて容貌に翳《かげ》りが出ると、掌《てのひら》を返すごとくころりと評価が変わってくる。

「弥子瑕めは、かつて寡人に食べさしの桃を喰わせよったし、君主の専用車も勝手に使いよった。不届き者めが」

　この発言だけでも、衛の霊公に君主としての品格が具《そな》わっていたかどうかが窺《うかが》われよう。弥子瑕が、その後いかなる運命を辿ったかは記録にない。

　ただ、君主の寵愛の気紛《きまぐ》れなことの譬《たと》えを表す「余桃《よとう》の罪《つみ》」なる故事成語に、色子としてのみ名が残ることとなった。

男同士ではあっても、孔子と顔回との関係を比較して、男色への好悪は別にして、愛情の質に雲泥の差があることは、誰にでも判る逸話だ。

また、衛の霊公には南子《なんし》なる勝ち気な夫人がいて、彼はいつも尻に敷かれていた。その鬱憤《うっぷん》が弥子瑕に向けられていたとも考えられる。ただ、南子と太子の蒯聵《かいかい》（霊公の息子だが、南子とは血縁関係がない）の折り合いは頗《すこぶ》る悪く、前四九六年暗殺未遂事件にまで発展している。

蒯聵が南子を殺そうとして失敗した挙句、宋へ出奔《しゅっぽん》したのだ。南子はこれ幸いと我が子の郢《えい》を太子に立てようとしたが、身の危険を感じた郢は辞退する。

そして、亡命した蒯聵の息子輒《ちょう》が太子となった。そうするうちに前四九三年、霊公が薨去《こうきょ》して輒が君主として即位する。これが出公《しゅっこう》である。

彼を守り立てる衛の貴族に孔圉《こうぎょ》なる人物がおり、仲由《ちゅうゆう》（子路＝孔子の弟子）が仕えていた。孔子と同姓ゆえ遠縁で、仲由に就職を斡旋《あっせん》したのかもしれない。

孔圉の妻は伯姫《はくき》といい、蒯聵の姉だった。そういった関係から、蒯聵を君主の地位へ即《つ》けようと密かに応援する勢力を形作っていたのであろう。

それでも孔圉が存命の間は、彼女に表だった活動はなかった。ただ、孔圉が体調を崩して寝込みだすと、美男の従者渾良《こんりょう》夫《ふ》とただならぬ関係になって、彼をも蒯聵側へ引き込みさらなる力とした。

そして前四八一年、孔圉が卒《そつ》すると渾良夫を使って密かに蒯聵を屋敷へ導き入れて匿《かくま》い、出公（輒）に対して政変を謀《はか》った。これは不思議な反乱で、父親が上位の息子に対して弓引くことになるわけだ。

彼らが宮廷へ進撃すると、孔氏の荘園を管理していた仲由は、孔圉が守り立てた出公に忠義を尽くすべく、宮廷へ駆けつけている。それは、孔子の教えを実践したわけだ。しかし、彼はそこで蒯聵の支持者に斬殺されてしまった。

「君子とは、死んでも冠を落とさぬものだ」

彼はそう言いながら、冠を正しながら頽《くずお》れたと記録されている。彼の肉が醢《ししびしお》にされたのはこの後だろう。

こうして蒯聵が衛君として即位し、荘公《そうこう》となったのである。

さて、ここで美男の渾良夫は、荘公から特権を与えられている。それは、死刑に相当する罪を犯しても、三度までは特赦が与えられるというものだった。それゆえ伯姫の夫に収まって傍若無人の限りを尽くしたであろうことは、容易に想像できる。

だが、三度の特赦もあっという間に使い果たして、無残に処刑されたことだろう。

愛欲に走る皇太后たち

時代が下って、戦国時代の美男の話である。

前三世紀の秦《しん》は昭襄王《しょうじょうおう》の御代、魏醜夫《ぎしゅうふ》なる男は宣太后《せんたいごう》の寵愛を一身に受けていた。昭襄王は家系の上で、始皇帝の曾祖父《そうそふ》に当たる。

秦の太后（王の未亡人）には、性に奔放な女性が何人かいる。例えば始皇帝の母親も、最初は呂不韋《りょふい》の妾であったのが、荘襄王《そうじょうおう》の王后になり、王が崩御すると呂不韋と縒《よ》りが戻った。

だが、始皇帝に露見することを恐れ、嫪毐《ろうあい》（本名ではなく、大逆罪を犯したので、このような字をあてがわれたものと思われる）なる男を宦官《かんがん》と偽って愛人としている。

この男は美男とは記載されていないが、巨根の持主とされている。

この二人の間に男子が生まれ、その存在が始皇帝に露見してしまう。王位継承権が発生して後日問題になるので、すぐに嫪毐と男児は攻め滅ぼされた。前二三八年のことだ。

ところが、この前例をすでに宣太后が作っていたのだ。彼女は恵文王《けいぶんおう》の后《きさき》（本妻）で、昭襄王の母でもある。彼女が太后になったのは二十歳を幾つか出た頃だったようだ。

その頃、人質として都咸陽《かんよう》へ来ていた義渠《ぎきょ》（遊牧の異民族。匈奴《きょうど》の一派と思われる）の王がいた。彼女はこの男と懇《ねんご》ろになって子を儲けたのである。しかも男子である。

無論、咸陽でではない。義渠の本領（寧夏回族《ねいかかいぞく》自治区の辺《あたり》）へ、避暑と保養を兼ねてお産に出かけたのだ。

それが発覚して、義渠の王や息子が秦軍に殺害されたのが前二七三年頃である。

魏醜夫が宣太后の傍に侍《はべ》るようになったのは、翌年あたりからだ。彼女の齢《よわい》は還暦に手が届く頃に当たる。魏醜夫の立場は、彼女の無聊《ぶりょう》を慰める男妾である。

美男であるのに「醜い夫」なる名を付けているのは、逆封じのために悪く忌まわしい文字をわざと使っていたからだ。

彼への寵愛振りは日々激しく、彼がいなければ宣太后は夜も日も明けぬほどだった。その気持が、ある日とんでもない命令になって表れた。

「醜夫殿。もし、わらわが他界したおりには、必ずや殉死《じゅんし》して、黄泉《よみ》の国へも供をしてくれましょうな?」

「はっ、はい、それはもう……」

宣太后に可愛がられているのは、生活が保障されるからである。身に余る収入で、おそらくは一族郎党が潤ったはずだ。

将来、宣太后が崩御した暁には、遺産の一部を貰って優雅に余生を送るつもりでいたに違いない。

しかるにこう言われ、魏醜夫は大臣に泣きついた。

「我は、まだ三十歳にもならぬ齢です。いざというときには、殉死せよとはあまりにも酷《むご》うございます」

訴えられた大臣も、宣太后に政《まつりごと》へ容喙《ようかい》されては何かと困る。そのためには魏醜夫へ愛を注いで、夢中になっていてもらわねばならない。

だが、魏醜夫が不安を抱えていては、彼女の相手をするにも身が入らぬであろう。そこで大臣は、これという一計を案じて、おもむろに宣太后へ面会する。

「太后は黄泉の旅路に、醜夫めに供するよう仰せ付けとか？」

大臣の言葉に、宣太后は羞恥のようすもなく、はきはきと応える。

「そうじゃ。暗い道を一人行くのは、きっと心細く寂しかろうからな」

彼女がそう言うので、大臣は心の中でしめたと思った。

「お言葉ですが、太后。黄泉の国にお着きになりますれば、きっと恵文王がお迎えになられましょう？」

彼女には、大臣の意図が解《わか》らない。

「ああ、そうなろうな」

このような問いかけに、宣太后はなおも屈託なく答えていく。しかし、次の一言で、さすがに顔色が変わった。

「そのとき醜夫めが傍におれば、王になんと申し開きなさるのですか？」

「そっ、それは、そのう……」

彼女は項垂《うなだ》れて、ようやく魏醜夫に殉死せずともよいと言い渡した。これで、魏醜夫は独り身になってからの展望が拓《ひら》けたわけだ。ただ、宣太后の死後、魏醜夫がどのような人生を歩んでいったかについては、資料に一切記載がない。

普通に考えれば、宣太后の、いや、王室の恥部を覗き見た男として、闇から闇へ葬られた可能性のほうが大きい。

陳平《ちんぺい》の「疑心暗鬼」策戦

美男でありながら、そのことが強いて語られない有名人がいる。

それは劉邦《りゅうほう》と項羽《こうう》が戦う楚漢《そかん》戦争に登場する陳平《ちんぺい》である。彼が美男として名をなさなかったのは、それ以上に持ち前の才能が花開いたからである。

彼は頭脳明晰《ずのうめいせき》だったが、両親を早くに喪《うしな》ったらしく、兄（長男）に面倒を見てもらっていた。兄は勤勉な農民で、弟の才覚を早くから認めて勉学に精を出させた。

考えてみれば、この兄が陳平にとって最大の恩人だったかもしれない。彼が、陳平をただの労働力としてしかみていなかったら、以後はなかったことになる。

まずは、嫂《あによめ》が陳平にも野良仕事を手伝わせるよう夫に言うと、彼は嫁を離縁したという。一説に、それは陳平と密通したからともされるが、彼が美男ゆえのやっかみも混じっている。おそらくは、事情を知らぬ隣近所が流した偽の艶聞と思《おぼ》しい。

それから後、一廉《ひとかど》の勉学をして家を出た陳平は、項羽などにも仕えたが、提案が一切採用されなかったため、巡り巡って劉邦に仕えるようになったのだ。

劉邦は彼の能力を認めて、献策を大いに採用してくれた。

陳平の策とは、心理策戦が多い。

例えば、項羽の使節が劉邦に面会を申し込んだとき、宴会場へ招き入れる。そして、わざと念を押すように訊ねる。

「范増《はんぞう》殿の御使者ですな？」

小声で問われ、相手は訝《いぶか》ったり驚いたりして応える。

「いえ、我らは項将軍（項羽）に言いつけられた者にて」

こう応えられるのを待って、部下たちにがっかりしたような表情で言わせる。

「なんだ。范増《はんぞう》（項羽の軍師）殿の御使者だと思うたに、違《ちご》うたようじゃ」

部下たちはそう言うと、宴会場をさっさと片付けだす。そのようすに、項羽の使者ははっとする。彼らは、ありのままを項羽へ注進することになる。

「あやつめ、目を掛けてやっておるのに、劉邦と通じておったか」

こうして、項羽の范増に対する信頼は薄らいでいき、意見の食い違いもあって両者が喧嘩別れする原因になる。

古くから伝わる中国の民謡に、

「坊主一人で水を持ち帰り、坊主二人で水を持ち帰り、坊主三人で飲む水はなし」

というのがある。中国人が三人以上集まると猜疑心や嫉妬心が高まり、互いに疑心暗鬼にかられて争奪戦が始まるというのだ。中国人の民族性を端的に語る民謡だが、これは現在でも変わらない。

それを衝《つ》いたのが陳平の「疑心暗鬼」策戦である。

この後も、鍾離味《しょうりばつ》や龍且《りゅうしょ》といった部将が漢に寝返りそうだとの噂を流し、項羽の猜疑心《さいぎしん》を助長して掻きたてる。陳平の策は孫子の兵法とは、根本的に違うもので、兵力よりも人の心への攻撃であった。このような作戦は学んで身につくものでもなさそうだ。いわば、陳平の天才的な素質がなせる術だろう。

別の見方をすれば、中国人は付和雷同しやすい民族なのかもしれない。無知を顧みず不動産や株に手を出したり、バブルに躍って日本で爆買いするのは、その表れであろう。

項羽は陳平の罠に嵌まって、軍事的にも経済的にも精神的にもじり貧になっていく。この先、劉邦と広武山で睨み合って抜き差しならぬ膠着《こうちゃく》状況に陥った。

そこで仕方なく、劉邦と天下二分の和議を交わして互いに兵を引くこととなった。しかし、約束を破って項羽を襲えと進言したのも陳平であった。

優柔不断な劉邦一人では、この決断はできまい。陳平が周囲を掻き立てて、決断を迫らせたのだ。こうして項羽は追い詰められ、垓下《がいか》の戦い（前二〇二年）に持っていかれる。

ここが「四面楚歌《しめんそか》」の故事となる、時と場所である。周囲を取り囲む兵士の間から、楚の歌が聞こえてくる。寝返った兵どもがそれほど多くなったのかと、ここで項羽は戦意を喪失していくことになる。こうして項羽は虞美人《ぐびじん》を屠《ほふ》り、自らも漢軍に斬り込んで討死するよう、じわじわと真綿で首を絞められていったのだ。

このとき、楚の歌を歌わせたのが、陳平だったと言われている。いかにも彼らしい神経戦である。これで、ついに漢が天下を統一するわけだ。

考えてみれば、武器や食糧などの軍事力もさることながら、陳平のような人の心を抉《えぐ》る策が、大きくものを言っているのが解ろうというものだ。

これらのことは、陳平の美男ぶりとは、なんら関係がない。天は二物を与えずという。だが、その例外もあると、陳平なる存在は主張している。

ところが、劉邦はここまで中華の統一のみに目を奪われていて、万里の長城外の匈奴《きようど》が、冒頓単于《ぼくとつぜんう》（単于は匈奴の大王の意）を中心に強大になっていたことを、計算に入れていなかった。

太原《たいげん》（山西省）に韓王として封じられた韓信《かんしん》（股潜《またくぐ》りの韓信とは別人の、韓の王族。韓王信と表記される）は、どこまでも匈奴の脅威と隣り合わせの土地柄に、恐れをなしてしまったようだ。

彼は、戦うより匈奴との和議を考えたらしい。しかし、劉邦はそれを漢への謀反と見なす。いや、初めから同姓ではない彼を滅ぼすつもりで、わざとそのような所へ派遣したと見るのが順当だ。

進退窮まった韓王信は、匈奴へ亡命を図ってしまう。劉邦は思い描いたとおり彼を討とうと出張っていく。そして、三十二万もの軍兵を従えて塞外《さいがい》へ向かった。

ところがあにはからんや、白登山《はくとさん》（現在の大同付近）の麓《ふもと》で匈奴と韓王信の軍四十万に取り囲まれてしまった。

猛烈な飢えと寒さに悩まされ、劉邦は追い込まれていった。

ここで陳平が、取っておきの奇策を披露することになる。彼は閼氏《あつし》（単于の正妻）に使いを出して贈物をした。無論、単于に口利きを願うためである。

その際、一言添える。

「皇帝は、美女を連れて遠征しておられます。もし、ここで単于に滅ぼされれば、彼女たちは単于の後宮に入れられましょう」

何よりも、この心理作戦が大いに効いたようだ。いや、そういうことになっているが、閼氏は陳平の男ぶりを密かに知っていて、何かの切っ掛けがあれば、逢ってみたいとも思ったのかもしれない。だから、次のような言葉で、仲立ちをしてくれたのだろう。

「大王同士が、必要以上に叩き合うものではありませぬ。助けて恩に着せるほうが得策でございましょう」

閼氏のこの一言で、劉邦は命を永らえたのである。ここでも判るように、陳平の策戦というものは、ほとんどが相手に疑心暗鬼を仕掛けるものだった。そして、すべてが成功しているだけに、美男としての陳平は語られることは少ない。

それでも、先ほど筆者が想像を逞しくしたごとく、閼氏は終生陳平との逢瀬を楽しみにしていたかもしれない。

ところで曹操は、「陳平のごとく嫂《あによめ》と密通していようと、才能があればいいのだ」と、人の上に立つ者らしい評価をしている。ここでは、美男であることが、かえってマイナス要因とされているようにも聞こえる。

そして、陳平の嫂との密通は既成事実にされている。だが、後年、彼を間男の代表として語られることは決してない。

眉目秀麗ゆえの不幸

漢の文帝《ぶんてい》と景帝《けいてい》二代に仕えた直不疑《ちょくふぎ》なる大臣も、美男の誉れが高かった。それゆえに公主(皇帝の娘)や後宮の美女、宮女たちに人気があったという。その彼も、嫂と密通しているとの噂を、宮廷で立てられたらしい。これは、真っ赤な嘘である。

直不疑には兄などいないのである。これも陳平同様の、周囲のやっかみが付いて回った一例と言えよう。『史記』にも、「濡《ぬ》れ衣《ぎぬ》」の一例としての記載がある。

皇族の美男という記録は、案外少ないのはなぜだろう。実際に、美男がいなかったのかもしれない。それでも彼らの母親は、ほとんどの場合、後宮の美女たちである。だから、紅顔の美少年が生まれる可能性も高かろう。

記録に少ないのは、そのようなレベルで皇族を語るのが、無礼とされたからだろう。

その禁を破るごとく、三国時代の魏の明帝《めいてい》(曹叡《そうえい》)は容姿端麗であったと記録されている。

そういえば、母親は河北一の美女と謳われた甄夫人《しんふじん》だ。夫である文帝（曹丕《そうひ》）から、あらぬ不倫を疑われて、自害を仰せつかった悲劇のヒロインである。

彼女の美の資質を、すべて受け継いでいたごとく、明帝の容貌は俳優《わざおぎ》も裸足《はだし》で逃げ出すほど抜きん出て、頭髪は床に届くほど長く、「天姿秀出《てんししゅうしゅつ》（天帝から授かったような秀でた容姿）」と絶賛された。だが、短命だった。

もう一人の皇族は、北斉の蘭陵王《らんりょうおう》（高長恭《こうちょうきょう》）である。類い希な美貌は男も見惚《みと》れたため、軍の士気が落ちるとして、いつも獰猛《どうもう》な表情をした鉄の面で顔を覆って軍隊を指揮したという。それでも人気があったため、皇帝（高緯）に妬《ねた》まれて疎《うと》まれた挙句、謀反を疑われた。そのため二心ない証に賜った毒を従容として仰いだ。こうして見ると、皇族の美男は災厄を受けることが多く、それゆえわざと記録から省かれたのかもしれない。

第八章　悪妻型皇后――かくも恐ろしき大悪女たち

呂后《りょごう》に「人ブタ」とされた姫妾

簡単に断言すれば、悪妻型皇后は天下を取って皇帝並みの権力を振るった皇后たちである。「中国三大悪女」も、彼女たちのうちから現れている。

さて、劈頭《へきとう》を飾るのは劉邦（漢の高祖《こうそ》）の妻呂后《りょごう》である。本名は呂雉《りょち》で、字《あざな》は娥姁《がく》という。

彼女は父呂公《りょこう》の長女として単父《ぜんほ》（山東省）で生まれている。

父親はその地で殺人事件に関与し、仇《かたき》として付け狙われながら、劉邦の故郷沛県《はいけん》へ知人を頼ってやってきた。そこそこの資産家だった呂公は、その地で酒宴を張った。自己の存在感を示すとともに、人垣で追っ手を遮断《しゃだん》しようと考えたのだろう。

そこへ劉邦が酒にありつこうと、「進物一万銭」と書いた空手形を持ってやって来た。この大風呂敷を呂公が気に入り、嫌がる呂雉を無理やり嫁にやったことになっている。

まるで呂公に先見の明があったかのようだが、劉邦に「天子の気」があったり、呂雉に「天下に君臨する貴婦人の相」などというのと同じで、これらは後付けの牽強付会《けんきょうふかい》だ。このときの劉邦は沛県の亭長《ていちょう》（宿駅の長）だった。つまり沛県の治安維持や旅客管理を司る役人だった。もっと有り体に言えば、やくざ者に近い若者を束ねる顔役程度だろう。だから呂公は娘の呂雉を介して、劉邦を用心棒にしたかったと考えるのが理にかなっていよう。一方の劉邦は、呂公の資産が目当てだった。若者の頂点に立つには、金銭がいるからだ。

それは、始皇帝が天下統一して四、五年経った頃と思われる。したがって劉邦は、秦の役人の端くれに連なっていたわけだ。

呂公のお蔭で多少裕福になった劉邦は、曹姐《そうねえ》さん（皇帝に即位した後、曹姫と呼ばれた女性）の酒場に入《い》り浸《びた》った。彼女とは、以前から懇《ねんご》ろだったとも言われる。つまり、新妻の呂雉が不美人だったため形式上の妻としただけで、昔からの曹姐さんに庶長子肥《ひ》（後に斉王）まで産ませていたのだ。

一方、呂雉には審食其《しんいき》という小者がいて、身の回りの世話をさせていた。無論、彼女と劉邦にも夫婦生活があったろうが、呂雉が産んだ娘（魯元公主《ろげんこうしゅ》）と長男（劉盈《りゅうえい》＝恵帝）は、審食其の子である可能性が高い。

始皇帝が崩御した後、秦の支配力は一気に下がり、劉邦は項羽と覇《は》を競う存在に成り上がった。彼らは何度か戦いを繰り返した。劉邦は、項羽が根拠地とする彭城《ほうじょう》を一旦攻略したが、必死な項羽の反撃を受けて這々《ほうほう》の体《てい》で逃げた。

このとき夏侯嬰《かこうえい》が御者を務めていたが、劉邦は馬の脚が鈍るとして、同乗していた息子の劉盈と娘の魯元公主を、馬車から二度にわたって突き落としている。夏侯嬰はそのたびに劉邦を諫《いさ》めて、律儀に二人を拾い上げていた。

この逸話は第五章でも紹介したが、劉邦の疑いを如実に裏書きしている。審食其の子供だから、未練はなかったのである。一方、呂雉がこの件に抗議したという話は一切ない。

彼女が凄みを増すのは、前二〇二年に劉邦が漢皇帝に即位して皇后（ここからは呂后と表記に収まった後だ。当然ながら、正妻の息子劉盈が皇太子に冊立される。だが、当時寵愛を受けていた戚《せき》夫人は、彼女が産んだ如意《にょい》を皇太子にするよう執拗にせがんでいた。

劉邦も疑わしい子より、確実な如意へ心が傾きかけていた。しかし、周囲の有力部将たちに反対され、思い止《とど》まった経緯がある。

ここで気持が収まらなかったのは、呂后である。劉邦が前一九五年に崩御すると、彼女の復讐が始まる。まずは戚夫人を捕らえて牢に入れ、その間に如意を毒殺した。

返す刀で戚夫人の両目を潰して鼓膜を破り、四肢を断ち切って厠《かわや》の汚穢《おわい》溜めへ突き落とした。それを彼女は人彘《じんてい》（人ブタ）と呼び、ようやく溜飲《りゅういん》を下げたのだった。

だが、この壮絶な光景を見せられた漢の二代目恵帝（劉盈）は、悲しみと恐ろしさのあまり精神に異常をきたし、以後酒色《しゅしょく》に耽《ふけ》って夭折《ようせつ》した。

ここからが、呂后の一人舞台となる。恵帝の子とされる公子（実際には違うようだ）を傀儡《かいらい》皇帝にして、垂簾《すいれん》政治を始めたのだ。

もう誰も彼女を止められなくなり、漢建国時に決められた「劉氏にあらざれば王たるべからず」という大原則も破られ、呂氏の地方王が現れるようになった。

呂氏の横暴に対して、反旗を翻《ひるがえ》す動きは表だってはなかったが、反感だけは劉氏に恩義を感じている諸侯（陳平もその一人）に拡がった。ただ、呂后が君臨している間、意外にも国内的な平和はつづいたのだ。

前一八〇年、そんな彼女が他界したのは、意外にも狂犬に咬まれたからとされている。その詳しい経緯は記録にないが、動物に対しては優しい心があったのかもしれない。

弱って息の荒い犬に手を差し伸べて、がぶりといかれたというのは、想像が逞し過ぎるだろうか？　だが、女傑の最期も案外呆気ないものかもしれない。

呂后の崩御後、呂氏は粛清されている。

謀略の限りを尽くした賈南風《かなんぷう》

二人目の悪妻皇后は賈南風《かなんぷう》だ。彼女は、第五章で登場した晋の二代目恵帝《けいてい》（司馬衷《しばちゆう》）の皇后で、ここに稿を改めて登場させる。

彼女は晋の功臣賈充《かじゆう》の後妻（郭槐《かくかい》）の娘である。賈充は司馬氏の腹心として仕え、二六〇年に皇帝（曹髦《そうぼう》）が司馬昭から政権を奪還しようと兵を挙げたときは先頭に立ち、皇帝を殺害して司馬昭の手を汚させなかった。

その後、魏から晋への禅譲に際しても活躍し、功臣の第一位に数えられた。だが、賈充の後妻郭塊は嫉妬深く、自身が産んだ男児の乳母と夫の仲を疑い、鞭打って二度も殺害している。ところが、彼女らを慕っていた息子たちも、それぞれ相次いでショックのあまり発病して他界した。

このような件《くだり》は、漢の恵帝（劉盈）を夭折させた呂后とも相通じるものがある。

賈南風も、母の遺伝子を受け継いだような性格破綻《はたん》者である。色黒の醜女《しこめ》だったが、父親のお蔭で皇太子妃候補となったのだ。

武帝（司馬炎《しばえん》）は、色白の美人と名高い衛瓘《えいかん》の娘を皇太子である司馬衷の妃に迎えようとした。だが、最初の皇后（楊艶《ようえん》）らは、功臣の娘ゆえに賈南風を推した。武帝が折れたのは、自分が羊に牽《ひ》かせた車で後宮を巡ることに気持が行っていたからかもしれない。

だが、すぐに後悔することになる。

賈南風は、母親に輪を掛けたごとく嫉妬深く、司馬衷の側室を数人も殺害した。あるときは懐妊した愛妾を、腹の胎児ごと刺し殺した。これには武帝も激怒し、賈南風を金墉城《きんようじょう》に幽閉して離婚させることを考えた。

それでも、武帝二番目の皇后（楊悼后《ようとうごう》・楊艶とは従姉妹の関係）らが、またもや賈充の功績を言い募って取りなした。ここで、楊悼后が賈南風に訓戒を垂れたが、かえって逆恨みされる始末だった。

一方、皇太子の司馬衷に軽度の知的障害があったらしく、武帝はこちらを廃して聡明な司馬《しば》遹《いつ》（司馬衷の庶子。武帝の孫に当たる）を冊立しようと考えた。そこで、司馬衷に最後のチャンスを与え、政治向きの試験をする。

このとき武帝は、自ら最後まで監督をすべきであった。だが、また羊の馬車で後宮を巡ることが脳裏を掠めたのか、役人を残してその場を去った。

すると賈南風が現れ、その場にいた役人を大枚で買収し、答案を作成させた。ここで彼女が悪知恵を発揮するのは、稚拙《ちせつ》な字を書かせて、所々わざと間違わせたことだ。そうして悪賢《わるがしこ》くも、及第点ぎりぎりの答えを提出させたのである。

賈南風は、自分が皇太子妃から皇后へ出世するためには、どのような悪辣《あくらつ》な行為も躊躇《ちゅうちょ》なくやってのけた。人生の目的は、揺るぎなかったのである。

それにしても、彼女の計略に他愛なく引っ掛かる武帝も武帝である。彼は晩年「盛り塩」の故事を作っただけの凡帝に成り下がってしまったようだ。

二八九年、武帝が体調を崩して病の床に臥《ふ》すと、楊悼后の父楊駿と弟たちが幅を利かせだした。そして二九〇年、武帝が崩御して司馬衷（恵帝）が即位する。こうして賈南風は皇后に昇格したが、皇太子は司馬遹になった。

また、楊悼后が皇太后として君臨し、楊一族が政治の実権を掌握し始める。それにしたところで、引き下がるような賈南風ではない。

彼女は楚王司馬瑋《しばい》を抱き込み、二九一年政変を敢行した。楊一族を根絶やしにし、楊悼后に至っては、庶民に落として餓死させた。

次に、汝南《じょなん》王司馬亮《しばりょう》と衛瓘《えいかん》が政を専横し始める。すると、再び司馬瑋を使って彼らを誣告《ぶこく》（詐《いつわ》りの告発）させ、恵帝に免官の勅書を出させた。ここで司馬瑋が二人を抹殺すると、今度は司馬瑋が勅書を偽ったとして、部下に誅殺《ちゅうさつ》させている。

ここからは賈一族の天下となり、賈南風は権力の旨味に浸っていた。これまでの権謀術数に多少疲れたのか、彼女は宮殿に美青年を集めて、淫乱の限りを尽くしたといわれる。

しかし、それでも気懸かりだったのが、司馬遹という存在だった。恵帝の庶子とはいえ、皇太子であれば、次の皇帝である。彼が即位すれば自分は処刑されるであろう。

二九九年、彼女は司馬遹に謀反を言い募って、廃嫡したうえ庶民に落とし、翌年部下に殴殺させた。だが、これに怒った斉王司馬冏《しばけい》らが政変を起こし、ついには彼女も庶民に落とされたうえ、金屑酒《きんせつしゅ》なる毒を飲まされて殺害されたのである。

ここまで蔑《ないがし》ろにされつづけた恵帝はなおも命を永らえ、二人目の皇后（羊献容《ようけんよう》）を添《そ》わされる。彼女については、次章で頁を割こう。

天下の極悪人・則天武后《そくてんぶこう》

唐の則天武后（武照《ぶしょう》）は中国史上においてただ一人、皇帝位に即いた女性である。父親は武士彠《ぶしかく》という、并州《へいしゅう》（山西省）の大きな材木商であった。隋《ずい》の末、李淵《りえん》の挙兵に参加したとき、最前線で指揮を執っていたのは次男の李世民《りせいみん》だった。

李世民の活躍で、李淵は唐の皇帝になれたのである。彼に認められたのか、武士彠は論功行賞で、荊州《けいしゅう》都督《ととく》（四川省の軍政長官）に出世している。

則天武后が誕生（六二三年）したのは、李世民が父李淵に取って代わろうとしている頃だ。六二六年の玄武門《げんぶもん》の変で、彼は兄と弟を排除して父親から二代目として皇帝位を奪う。

ここからが貞観《じょうがん》の治で、唐初期の安定した時代を迎えるのだ。その中で、武士彠の美貌の誉れ高い娘が、李世民の後宮へ入内《じゅだい》するのは十四歳のとき（六三六年）である。だが、まだあどけなさが残っていたのか、李世民の好みには合わなかったようだ。

六四九年、李世民が崩御すると二十七歳で尼寺へ入ったが、以前から目を付けていたと思《おぼ》しい高宗《こうそう》（李治《りち》）に後宮へ連れ戻された。つまり、父親の姫妾であった則天武后を息子が後宮に入れたのである。

儒教の道徳観念から見れば、非難されるべき行動だ。しかし、隋もそうだが、唐も先祖が鮮《せん》卑《ぴ》（北方騎馬民族）であることから、レビレイト婚（未亡人の夫の兄弟と結婚すること）の延長と黙認されたらしい。ちなみに六代目の玄宗は、息子の嫁（楊貴妃《ようきひ》）を離縁させて取り上げている。

当時後宮では、王皇后と蕭淑妃《しょうしゅくひ》（淑妃は位）が寵《ちょう》を競っていた。だが、則天武后はこれに割って入る格好で、すぐに長女を産んだ。王皇后が産褥《さんじょく》を見舞いに来て踵《きびす》を返した直後、則天武后は我が子に濡れた布を被《かぶ》せたと言われる。

少し後で高宗が来ると、愛しい娘は窒息死していた。当然ながら王皇后が疑われた。

これで則天武后は高宗を唆《けしか》け、王皇后の廃位を促した。侃々諤々《かんかんがくがく》の議論は、名将李勣《りせき》の決断に従った。王皇后と蕭淑妃は失脚し、後には四肢を切断されて酒漬けにされたという。

これは呂后の人彘《じんてい》事件に酷似している。彼女は皇后となったが、皇太子はまだ蕭淑妃の息子だったので、自らの息子李弘《りこう》と挿《す》げ換えた。

皇太子となった李弘は母親に似ず温厚で、蕭淑妃の娘が年頃になったので降嫁（皇女が家臣に嫁ぐこと）を願い出る。すると武后は意地悪く、彼女を一兵卒の嫁にしたうえ、李弘までも合璧宮《がっぺききゅう》で毒殺している。

我が子でも邪魔となれば除く覚悟を示したことで、周囲は肝を冷やしたことだろう。

六八三年に高宗が崩御すると、政の場は完全に彼女の独擅場《どくせんじょう》になった。李弘の次に皇太子としていた李顕《りけん》（中宗）が即位しても、気に入らぬからとすぐに廃位した。

次の李旦《りたん》（睿宗《えいそう》）には一切の権限を与えず、離宮に閉じ込めている。このようすは、次に語る西太后の雛形《ひながた》である。

彼女は高宗存命のおりから、夫を「天皇」と呼び自らを「天后」と呼んでいた。これは、それとなく夫と同格になることで、将来皇帝に即位する準備をしていたわけだ。

皇帝になる第二段階として、彼女は薛懐義《せつかいぎ》なる売薬を生業とする美男力士を、俄《にわか》坊主にして愛人とした。僧としての位を上げ、彼女の栄誉を称える巨大な明堂を建てさせた。

また、十人ばかりの僧らに『大雲経《だいうんきょう》』の偽作をさせたりもした。それは則天武后こそ、弥勒《みろく》

唐の高宗と則天武后の合葬墓「乾陵」（trikehawks/PIXTA）

菩薩《ぼさつ》の化身とするものである。

六九〇年、則天武后は唐の国号を周に変え、自ら皇帝の位に即いた。四千年と言われる中国史上、皇帝になった女性はただ一人である。

神聖皇帝となった彼女の寵は、薛懐義から美男の侍医の沈南璆《しんなんきゅう》に移る。その後、彼女は傘寿《さんじゅ》（八十歳）を過ぎても、崩御するまで張易之《ちょうえきし》と昌宗《しょうそう》の美男兄弟を側近として置いた。

薛懐義以下の美男は、前章の渾良《こんりょう》夫《ふ》や魏《ぎ》醜《しゅう》夫《ふ》と同じ男妾の類いである。

こうしてみれば。則天武后は紛れもなく呂后同様の女傑である。彼女たちの共通点は、君臨した期間の治世が比較的安定していたことと言えよう。

彼女が興味を持ったものの中に、文字や文章がある。殊に則天文字なる新字は、そのことを如実に伝えている。当時の河東州刺史《かとうしし》（山西省の軍事権を持った知事）王仁求《わじんきゅう》の碑文が雲南の地に残っており、そこに則天文字が使われ、貴重な資料とされている。

日本にも一部伝わり、水戸光圀《みつくに》の「圀」がそれである。なお、我が国を「倭《わ》」ではなく「日本」としたのも、則天武后だとされている。

滅亡の時、権力闘争に明け暮れた西太后《せいたいごう》

さて、最後の悪妻皇后としては、西太后《せいたいごう》を挙げねばなるまい。

彼女が生まれる一八三五年以前の清《しん》帝国は、康熙《こうき》、雍正《ようせい》、乾隆《けんりゅう》三皇帝が一世紀半近く君臨した国家の全盛期であった。しかし十九世紀になると、英国の三角貿易（英国が利益を得るため船を廻し、インド、中国を巡る貿易）で中国から茶と銀が流出し、阿片《あへん》が大量に国内へ流入してきた。

これでは国民の多数が阿片中毒になり、働き手が廃人同然になって国家は衰退する。清側の林則徐《りんそくじょ》が勇気をもって阿片の摘発をして、すべて焼却廃棄する方針に出たのも宜《むべ》なるかなである。

余談であるが、現在の中国が覚醒剤などの非合法薬物に対して厳しい態度で臨んでいるの

も、この時代のトラウマ（反省）があるからと言われている。

清側の処置に対して、それでも非人道的な方針を曲げなかった英国との間で一八四〇年に阿片戦争が起こり、清は敗れて列強（英《イギリス》、仏《フランス》、独《ドイツ》、露《ロシア》、米《アメリカ》）に蹂躙《じゅうりん》され喰い物にされていく。

この戦いは長江河口でも行われた。その際、両岸に陣取って戦況を眺めていた民衆は自国の先行きなどにまったく関心を示さず、清の軍船が撃沈されるたびに喝采《かっさい》したという。それほど清政府は嫌われていたのだ。また、敵軍であるはずのイギリス兵が上陸すると、我先に食べ物を売ろうと殺到したという。「国は民あることを知らず、民は国あることを知らず」とは、まさにこのことである。

これらは恵蘭児《けいらんじ》（後の西太后）が幼少のおり、見聞きした中国（清）の偽らざるようすである。

彼女が民間の秀女として十七歳で宮中に入ったのは、洪秀全《こうしゅうぜん》が起こした太平天国の乱（一八五一年～一八六四年）の初期である。彼女は、円明園《えんみょうえん》で咸豊帝《かんぽうてい》に見染められて後の同治帝《どうちてい》を産む。それは、清朝がまさに内憂外患《ないゆうがいかん》に晒《さら》された国家的火事場の真っ只中にあるときに他ならない。

このとき、清の皇帝たちも科挙出身の高級官僚どもも、さっぱり為《な》す術《すべ》を知らず、清の立場をよくすることができなかった。役立たずの知識ばかり詰め込んで、実際の外交も軍事も手を拱《こまね》いていたのだ。

一八六一年に咸豊帝が崩御すると、恵蘭児が産んだ男子が同治帝として即位する。慈安皇太后には公子がなかったからだ。ただ、同治帝が幼少（六歳）ゆえ、彼女たちは反対派を粛清して二人で政権を握った。

このとき慈安皇太后が宮殿東の綏履殿《すいりでん》に住まい、恵蘭児が西の平安室《へいあんしつ》にいたため、それぞれが「東太后《とうたいごう》」、「西太后」と呼ばれるようになったのである。

余談であるが皇后は皇帝の正妻であるから一人しかいない。だが、皇太后は前皇帝の正妻と現皇帝の母、双方の意がある。したがって、二人いても矛盾はしない。

ところで、臣下の上奏に対する政治的判断において、両者の能力は雲泥の差があった。西太后の能力が断然勝っていて、官僚は問題の解決を迅速に処理できたのだ。

西太后は『四書五経』をすべて暗唱できて、『史記』から『明史』に至る二十四史も読破し、詩作も絵筆も巧みに熟《こな》した。才気煥発《さいきかんぱつ》で社会に対する鋭い洞察力もあった。

ただ性格の激しさから、同治帝の皇后とも慈安皇太后とも反りが合わなかった。そして同治帝が一八七五年に十九歳で崩ずると、その従弟（母は西太后の妹）に当たる当時四歳の光緒帝《こうちょてい》を即位させた。

同治帝の胤《たね》（西太后の孫）を懐妊していた皇后は、その処置に憤死（自害）したといわれる。

ところが、せっかく皇帝にした光緒帝は西太后にさっぱり懐《なつ》かず、優しい慈安皇太后を慕《した》ったという。

「おまえを皇帝にしてやったのは、わらわぞ」

西太后の怒りはふつふつと煮え滾《たぎ》った。その恨みは慈安皇太后に向けられ、西太后はついに彼女を毒殺するに至る。無論、それだからといって、光緒帝が西太后（伯母に当たる）へ心を寄せるはずもない。いや、嫌ったと言ったほうがよかろう。

それを充分承知の上で、西太后は自分の息がかかった女性を皇后に即けていた。彼女が光緒帝を見張ったのである。

ただ、この頃にはイリ事件（一八七一年。中央アジア中央部の領有を巡るロシアとの戦い）や清仏戦争（一八八四年～八五年。インドシナ・ヴェトナムへ侵攻したフランスと清軍の戦い）、日清戦争（一八九四年～九五年。大陸に野心を持った日本と清国の戦争）など対外的な危機がつづいて、領土がどんどん列強に分割されていった。

一八九八年、二十八歳になった光緒帝の親政が始まり、彼は康有為《こうゆうい》らを用いて中国版の富国強兵策（自強）を唱えて実行し始めた。これが戊戌《ぼじゅつ》の変法である。

しかし、あまりにも急進的な改革だったため保守層の大きな反発を招き、一旦引退した西太后が危うんで逆に政変を起こして光緒帝を捕らえた。

甥の親政に懲りた西太后は、彼を紫禁城の池に浮かぶ小島にある瀛台《えいだい》に監禁した。同じ頃、光緒帝最愛の珍妃なる側室が、西太后の命を受けた宦官どもに井戸へ落とされる。

　このような殺人行為も、悪妻型皇后に見られる共通点だ。彼女は光緒帝を死ぬまで憎みつづけ、その命日も光緒帝より一日だけ後になっている。

第九章　良妻型皇后——利権に群がる外戚を抑える

無欲が功を奏した陰皇后《いんこうごう》

陰《いん》皇后は後漢《ごかん》の世祖光武帝《こうぶてい》（劉秀《りゅうしゅう》）の二番目の皇后である。名を麗華《れいか》といい、まさに陰で咲く名花よろしく、名は体を表している。

彼女は南陽郡《なんようぐん》（河南省&湖北省）新野《しんや》県の豪族陰氏の娘である。そこでは、漢帝室の血を引く劉秀と同郷だった。

少女時代から美人の誉《ほま》れが高く、周辺の若者のマドンナ的な存在と記録されている。

「役人になるなら執金吾《しつきんご》（北軍を統率して長安城内の警備）、嫁にするなら陰麗華」

事実劉秀も、そのように公言して憚《はばか》らなかったらしい。家柄の格式や学問、武術に自信があった証左だろう。

時代は、前漢を簒奪《さんだつ》した王莽《おうもう》の全盛期であった。後日、この皇帝を非難する者は多い。しかし、彼が台頭する下地を作ったのは前漢の失政である。事実当時の民衆には、王莽の登場を待望する機運が強くあった。

彼には、古式に則《のっと》った理想社会を建設する壮大な夢があったが、あまりにも大原則に拘《こだわ》り過ぎたのだ。古式にそぐうよう地名を何度も変え、その正式名称を民衆にまで強要した。書類に間違いがあってはその都度突き返される。その結果、物資を運ぶ許可願いがさっぱり通らず、経済活動が破綻《はたん》していったのだ。

他にも貨幣制度など失政は多くあって、庶民から豪族に至るまで不満が膨《ふく》らみ、各地で暴動が頻発《ひんぱつ》するようになる。その始まりは、一四年の呂母《りょぼ》の乱や一七年の緑林の乱で、一八年にはそれぞれが赤眉《せきび》の乱や南陽劉氏の蜂起に発展していく。

劉秀が関わるのは、南陽劉氏の一員としてである。その中で兄との確執を乗り越え、河北の鎮圧を任されるまでになったのだ。このとき劉秀は、最初の皇后になる郭聖通《かくせいつう》を娶《めと》っている。これは河北を平定するため、彼女の一族の後ろ盾を必要としたからに他ならない。郭氏と周辺も、劉氏と誼《よしみ》を通じたかったという事情がある。つまりは、典型的な政略結婚である。その証左に、劉秀は河北統一を成し遂げた途端、陰麗華を呼び寄せている。皇帝位（光武帝）に即《つ》くと、郭聖通と陰麗華の双方を後宮に入れ、それぞれに貴人《きじん》なる位を授けた。

ここで郭聖通が、先に公子彊《きょう》を産んだ。

「おまえを、皇后にしたいのだがな」

光武帝がそう言ったのは、陰麗華に対してである。郭聖通とは接触する機会が多かったので、先に子を産ませてしまった。それは、少年時代から憧れていた陰麗華に対して、ばつの悪いことだったようだ。

「先に公子をお産みになった方を、まずは皇后にお立てになるのが筋でございます」

陰麗華はこのように第一夫人へ、女としての最高位を譲った。それが持って生まれた性格なのか、深謀遠慮なのかは判らない。穿《うが》った見方をすれば、いつかは取って代われると踏んでいたことになる。それは、郭聖通の我《わ》が儘《まま》さゆえに、自滅を読んでいたとする見方だ。

陰麗華は、それから二年後（二八年）荘《そう》を産んでいる。彼女自ら示した皇后の条件は、ここに調った。しかし、光武帝の在位がいつまで保つかは判《わか》らなかったはずだ。

崩御となれば、郭皇后の長男彊が即位する。それがいつか判らない状態では、常に不安が過《よ》ぎっていたろう。このような中で、郭皇后は自分勝手が過ぎて光武帝の不興を買い、四一年に廃位されている。筆者が彼女を第六章「廃位」へ入れなかったのは、巫蠱《ふこ》の呪《のろ》いではなかったからだ。

郭皇后に代わって陰皇后が立った。自らが譲って十五年が経っている。この日があることなど、とても予測できるものではない。彼女は忍耐強いというよりも、権謀術数《けんぼうじゅっすう》など思慮の埒外《らちがい》で、危険な橋を渡っている自覚もない女性だったようだ。

彼女は、郭聖通（五二年没）よりも光武帝（五七年没）よりも長生きし（六四年没）、皇太子妃に多大な影響を与えたと思える。光武帝が崩御して、陰麗華との間にできた息子で皇太子の荘が即位する。これが明帝《めいてい》で、彼の皇后も賢明で名高い馬氏《ばし》だ。

皇后が二代もつづけて良妻型であるのは、世界史的にも珍しい。

政《まつりごと》に容喙《ようかい》しなかった賢夫人・馬《ば》皇后

「それだけは、やめてもらえまいか？　わが父（馬援《ばえん》）も、それにて大変な苦労をいたしましたゆえに」

後漢の二代皇帝（明帝）の正妻である馬皇后は、いつになく真剣な表情で言い募っていた。彼女の足下で這《は》い蹲《つくば》っているのは、歴史家の班固《はんこ》である。

「役目柄、決してお気持には添えませせぬ」

「しかし、我が血筋の恥は、主上の顔に泥を塗るにも等しかろう」

「春秋時代、斉《せい》の崔杼《さいじょ》は妻を凌辱《りょうじょく》した斉君（荘公《そうこう》＝姜光《きょうこう》）を、部下に命じて殺害いたしました。ところが斉の編史官は、『崔杼、斉公を弑逆《しいぎゃく》（臣下や子が、主君や親を殺すこと）す』と記録いたしました。怒った崔杼が編史官を斬って、一行抹消いたしました。しかし、編史官の弟が同じ役職に就き、同じ内容を記したところ、崔杼は再度斬殺して記載を抹消いたしました。それでも次の編史官が同様の記載を……」

「そうか。もうよい。相判った」

馬皇后は班固の説明を遮《さえぎ》って、もうすっかり諦《あきら》めたようだった。班固がなそうとしているのは『漢書《かんじょ》（前漢の歴史書）』の製作である。そこには馬一族の事跡も載るのだ。

馬氏は名門で、そのルーツは戦国七雄（戦国時代に勢力を張った七つの国々）趙《ちょう》の将軍趙奢《ちょうしゃ》に遡《さかのぼ》る。

前二七〇年、彼は秦《しん》軍を閼与《あつよ》の戦いで破り「馬服君」なる称号を与えられた。それ以後、子孫が馬氏を名告るようになる。これだけなら、馬皇后は班固に詰め寄ることもなく、父馬援も無用な苦労をすることはなかった。

武帝《ぶてい》の晩年（前九一年）、巫蠱《ふこ》の乱が起こって衛皇后と皇太子拠《きょ》が死ぬことになる。これは冤罪《えんざい》だが、禍《わざわい》の中心に江充《こうじゅう》なる男がいた。彼が虚偽の巫蠱を言い募ったため、事件が起こったことが判った。

江充の友人だった馬何羅《ばから》と馬通《ばつう》は処刑されるのを恐れ、あろうことか武帝の暗殺を謀った。だが、武帝が休養中の甘泉宮《かんせんきゅう》へ押しかけたものの、呆気なく討ち取られた。

皇帝を狙うのは、大逆罪である。

この大罪を犯した者が馬姓だったということで、以後馬姓の者は公職に就けなかった。これこそ、馬援が苦労した理由である。だから馬皇后は彼らのこと、いや、事件そのものを記述しないで欲しいと頼んだのである。

班固は断ったが、彼ら謀反人の姓を「馬」から王莽の「莽」を当てた。つまり、莽何羅、莽通と表記したのである。このような例は他にもある。司馬遷の『史記』にも、始皇帝に対して大逆事件を起こそうとした嫪毐《ろうあい》も、その字面から決して本名ではなかろう。

また、明帝の諱《いみな》が荘であることから、前漢の荘助《そうじょ》も新の将軍荘尤《そうゆう》も、厳助、厳尤と姓が変えられている。班固もそれなりに気を遣《つか》って『漢書』を仕上げていったようだ。

一方の馬皇后も、これだけ一族に気を遣いながら、外戚の馬氏を決して宮廷の重要ポストには就けなかった。言うまでもなく、外戚が政《まつりごと》に容喙《ようかい》して、世の中がよくなったためしがないからである。だが一族からは、大臣などの重要ポストへの依頼が、さまざまな形で寄せられていたろう。それは想像に難くない。普通なら一族を可愛がっていい顔をしたいものだから、皇后が人事を左右したがる。

後漢の馬皇后は、陰皇后（麗華）の薫陶《くんとう》よろしきを得て、それを一切しなかったのだ。

皇后の機転で生まれた「倒福」の風習

時代は一足飛びに明《みん》へと行くが、同じ馬姓の皇后に注目したい。

「春節の年画（縁起物の飾り絵）に、とんでもないものを描いたやつがいるぞ！」

明の初代皇帝朱元璋《しゅげんしょう》（洪武帝《こうぶてい》）が激怒しているのを、馬皇后は大きな柱の陰で聞いていた。側近相手に、夫はなおも声を荒らげる。

「西瓜《すいか》を懐《かか》えた大足の女が、にっと笑っておる図柄とはな」

西瓜を懐える（懐西）と淮西《わいせい》（馬皇后の出身地）は音《おん》（ファイスー）が同じで、大足と言ったのは、纏足《てんそく》をしていないの意だ。纏足は、成長期の少女の足を布でぐるぐる括《くく》り、成長せぬようにしたものだ。

方々へ出歩くのははしたなく婦徳に反するとして、主に貴族の婦女子の嗜《たしな》みであった。翻って、それをしていない女は、下賤《げせん》の出身ということになる。ちなみに、中国文化を盛んに取り入れていた中世までの日本も、纏足の風習は、科挙や宦官の制度とともに受け入れていない。肉体を毀損《きそん》させるような風習を、日本の先人は受容しなかった。

これこそ、賢明な日本文化の育《はぐく》みである。

話を戻すが、春節の絵を洪武帝が見ると、どうも民間出身の馬皇后を揶揄《やゆ》しているとしか思えなかったようだ。つまり彼の激怒は、馬皇后を思えばこそでもあった。

「この画工の家を調べ上げ、無関係な者の家々には『福』の字を書かせて戸口に貼《は》るよう申しつけておけ。明朝《みょうちょう》、この字がない家の者どもは処刑だ！」

馬皇后は殺される画工一家を哀れに思い、その家にも字を貼らせた。そうなると、朝から出動した兵士らは、どこに下手人がいるか判らなくなる。

これは『アリババと四十人の盗賊』のパロディーである。つまりサラセンの文学が東方へも伝わってきた証《あかし》といえる。

ところが、ここでまた別の問題が持ちあがった。文字を知らずに、誰かに書いて貰った福の字を、逆に貼った者がいたらしい。

「朕《ちん》の政が思わしくないから、庶民に福が行き渡らぬという皮肉か。怪しからん！」

年画の下手人を取り逃がして苛々《いらいら》を募らせた洪武帝の、八つ当たりとも取れる癇癪玉《かんしゃくだま》の破裂だ。それを馬皇后がやんわり受ける。

「それは、違いましょう」

「どう違う。不満がなければ、なぜ、文字を逆しまに貼るのだ?」

ここからが、馬皇后の機転である。

「福を倒せば倒福（タオフー）、と読めましょう?」

「それが、どうした?」

「至福もタオフーです。つまりこの者は、今朝、主上の使いが訪れると思ったので、『福が至る』の意に引っかけてそうしたのです」

「なるほど。そういうことか」

これで洪武帝は納得し、当初の年画の一件は忘れたことになっている。福の一文字を倒立させて飾っている光景は、日本の中華料理店でもよく見かける。だが、宋《そう》代にすでに倒福の記述はあるとも言われるので、この話は馬皇后の良妻ぶりを表すための後付けかもしれない。

実際、全国統一を果たした洪武帝は、築きあげた体制を守るためか、猜疑心と被害者意識の塊のごとくあった。それを、巧《うま》く躱《かわ》したのが馬皇后である。彼女の取りなしで命を救われた部下が何人もあったという。

だが、彼女の崩御（一三八二年）以降になると、一度許された者まで再度粛清されている。このような暴君ぶりは、息子の永楽帝《えいらくてい》（朱棣《しゅてい》）にも遺伝していたのか、彼は靖難《せいなん》の変（一三九九年

〜一四〇二年）で強引に政権を奪取し、批判した者をことごとく処刑している。このために当時は、明の知識人が半減したとまで言われた。

馬皇后のような素朴な主婦の親切心が顕著になったのは、在留日本人孤児を育ててくれたことだろう。大きくして扱《こ》き使うためと疑う向きもあろうが、それだけで面倒を見きれるものでもあるまい。私も中国旅行をした際、炎天下のバス停で友人を待っていると、事務所の老人が日陰に呼んで茶を振る舞ってくれたことがあった。利に敏《さと》いばかりが中国人ではないと、そのときあらためて思ったものだ。

皇后に七度返り咲いた羊献容《ようけんよう》

さて、時代は西晋《せいしん》にまで戻る。

前章でも少し触れた西晋の二代目恵帝（司馬衷《しばちゅう》）の、二番目の皇后（羊献容＝献文《けんぶん》皇后）について述べよう。

最初の悪妻型皇后だった賈南風《かなんぷう》（三〇〇年四月没）が、好き勝手した後釜《あとがま》（三〇〇年十一月即位）だけに、普通に振る舞っているだけで良妻型に見えたであろう。

しかし、事態はそれほど簡単に行かなかった。賈南風が撒《ま》いた騒乱の種が、あまりにも根深く張っていたからだ。

　また、前述したごとく、夫の恵帝は皇帝としての資質に難があり、さっぱり執務ができず、周囲からいいように利用されていた。

　その余波は、羊献容の即位後もつづく。

　三〇一年一月、司馬倫《しばりん》が皇位簒奪《さんだつ》して恵帝を金墉城《きんようじょう》に幽閉すると、彼女は廃位された。

　同年四月、司馬倫が三人の地方王に敗れて失脚すると、恵帝ともども復位した。

　三〇四年一月、補弼《ほひつ》の任に当たっていた司馬乂《しばがい》が張方《ちょうほう》に敗れ、司馬穎《しばえい》が実権を握ると、再度廃位のうえ金墉城へ幽閉される。

　同年七月、司馬穎が討伐されると三度目の皇后位に戻るが、同年八月に張方が洛陽に入って三度目の廃位となる。

　同年十一月、張方が恵帝を連れて長安に戻ると、司馬顒《しばぎょう》が彼女を四度復位させた。

　三〇五年四月、張方が四度目の皇后を廃位にした。

　同年十一月、将軍周権《しゅうけん》が恵帝を取り戻すとして皇后に五度目の復位をさせる。だが、洛陽令の何喬《かきょう》が周権《しゅうけん》を殺害して五度目の廃位をする。

　三〇六年六月、恵帝が洛陽へ帰還し、六度目の復位をさせた。だが、この年の十一月、恵帝が崩御したため皇后位を去った。六度目の廃位である。これで、羊献容を廃位と復位を往復させた八王の乱が終結した。

これまでのところ、敢えて彼女を廃位の章に入れなかったのは、巫蠱《ふこ》が原因でないことと、まだこの先に波瀾があるからだ。

懐帝（司馬熾《しばし》＝恵帝の異母弟）が即位し、羊献容は恵皇后と称号を与えられた。

三一一年六月、これまでとは違う異変が起こる。城門へ轟《とどろ》くのは騎馬軍団の蹄《ひづめ》が交錯する音だが、明らかに晋軍とは違った。

「匈奴《きょうど》が攻めてきた。今度は洛陽城を、陥落させようとしておる」

城内の将軍は、顔を引き攣《つ》らせていた。それにしても、匈奴がここまで勢力を増強したのは、八王の乱が原因だ。司馬氏は内部抗争の際、匈奴軍を傭兵《ようへい》として使ったからだ。

いや、匈奴だけではない。鮮卑《せんぴ》も羌《きょう》、氐《てい》、羯《けつ》といった遊牧騎馬民族も入れている。これが、五胡十六国（五つの異民族が攻防を繰り返して、中華に十六の国を次々と建てた時代）の引き金になったのは有名だ。

「城門が破られました。早くお逃げ下さい」

将軍は気遣ったつもりだろうが、ここまでくれば逃げ隠れできようはずもない。やがて匈奴軍が宮殿へ侵入して、羊献容は懐帝とともに拉致《らち》され平陽《へいよう》（山西省）へ連れていかれた。

これを、永嘉《えいか》の乱という。連行される途中目にするのは、皇族や宮廷人が殺戮《さつりく》されるようすだった。刃物で打ち据えられる姿は、酸鼻を極める血の惨劇だ。懐帝自身も、三一三年に結局は平陽で処刑される。

それにしても、彼女に対する匈奴たちは、どこか恭《うやうや》しささえ感じさせた。

「手荒なことをして、申し訳ございませぬ」

彼女を迎えたのは、劉曜《りゅうよう》という長身の将軍だった。匈奴の言葉ではなく、綺麗な漢語を話す。彼女が宮殿内で廃位と復位を繰り返し始めた頃、洛陽に遊学していたらしい。当時の匈奴貴族としては、特別珍しくもない。

つまり彼らは、それほど中華の領内に入り込んでいたわけだ。もっと言えば、並の宮廷人よりも教養があった。彼が劉姓を使うのは、漢の血筋を自称していたからだ。

前漢の時代に和蕃公主《わはんこうしゅ》と言って、漢側から公主（皇帝の娘）が何人も嫁いだ。当然、子をなしており、劉曜はその末裔《まつえい》だという。

それでも遊牧民の劣等感からか、彼は晋宮廷の彼女に憧れていたらしく、羊献容を妻にする。彼女は否も応もなかったろう。

懐帝の次に即位した愍帝《びんてい》も、匈奴に拉致された挙句処刑され、三一六年に晋は一時滅びる。そうなると帰るべき場所を喪った彼女は、劉曜に賭けるしかなくなった。

三一八年、劉曜が前趙の五代目皇帝に即位する。そのとき彼は羊献容に、前夫（恵帝）と比べて自分はどうかと訊く。彼女は笑って左記のように応えたらしい。

「主上は開国の聖主。恵帝は亡国の暗夫で、民どころか妻子すら守れませんでした。私は高位高官の娘として生まれましたが、周囲の男は皆、彼と似たり寄ったりでした。でも、主上の后になれて、初めて文武に優れた男がいると知りました」

羊献容は、こうして七度目の皇后位に即いて、劉曜を補佐したのであった。

皇后の鑑《かがみ》

唐の太宗《たいそう》（李世民《りせいみん》）の長孫《ちょうそん》皇后（長孫観音婢《かんのんひ》）は、我慢強く気配りのできる女性であったといえよう。

彼女の父親は長孫晟《ちょうそんせい》で、突厥《とっけつ》の侵攻を防ぐため、隋の辺境を守備する将軍だった。一石二鳥を意味する「一箭双雕《いっせんそうちょう》（一本の箭《や》で二羽の雕《わし》を射落とす）」は、彼の快挙を称えた故事だ。

一方、李世民の父親李淵《りえん》も、辺境に近い所を所轄していた。しかも彼は、煬帝《ようだい》とは母親が姉妹同士で従兄弟に当たる。

李世民と長孫観音婢は幼馴染みで、早くから縁談があったのかもしれない。だが、彼らが成長するとともに隋の政《まつりごと》に綻《ほころ》びが表れ、反乱の見本市と揶揄《やゆ》される不満分子の蜂起が、隋の領内各地で起こっていった。

二人が婚礼を挙げるのは、このような最中である。李淵は李世民に促されて唐を旗揚げする。進撃に際して、実質的な指揮官は李世民であった。

六一八年に隋が滅ぶと、李世民は兄李建成《りけんせい》と弟李元吉《りげんきつ》から命を狙われる。それは、彼の軍功が抜群だったので、民衆から絶大な人気を博したからだ。それが、次期皇帝たる皇太子（長男）の嫉妬心に火を付けたのだ。

このようなときも長孫観音婢は、逸《はや》る夫に自制を促して落ち着かせた。それが功を奏して、彼はついに玄武門の変（六二六年）で二人を粛清した。ここで父李淵を引退させ、李世民の貞観の治が始まったのだ。

無論、長孫観音婢は皇后に即位する。

だが、彼女はどこまでも夫のよきパートナーで、決して政治には嘴《くちばし》を挟まなかった。李世民の側近が忠義を尽くすのも、彼女への好感があったからだろう。

側近の一人に兄の長孫無忌《むき》がいたが、彼を重要視することは、呂氏《りょし》の例に見られるごとく外戚の横暴につながるので、抑えるようにと皇帝李世民へ進言している。

一方、異母兄の長孫安業《あんぎょう》が乱に連座したときは、情けに縋《すが》って助命を嘆願した。彼女は一族に義理を果たしながらも、一族の政治への容喙《ようかい》を警戒したのである。

このような態度は、前漢の陰皇后や馬皇后の考え方に通じる。彼女たちに共通しているのは、やはり外戚を重要視するあまり、彼らが横暴に奔《はし》るのを警戒したことだ。

逆に言えば、そのような弊害の例を挙げるのに枚挙に遑《いとま》がないわけだ。そして、真剣に苦慮したのが陰、馬（後漢）、長孫の三人だけだった。

さて、このような内助の功を称《たた》えるのは、やはり儒教の伝統であろう。現代のような女性の社会進出を推進する社会では、もう時代遅れと非難されよう。

だが、筆者がいつも疑問に思うのは、国家元首の夫人たちだ。ここで彼女たちに期待しているのは、儒教色芬々《ふんぷん》たる良妻型皇后と同じ働きである。つまり、夫のアクセサリー（付属品）に甘んじている。ドイツのメルケル首相の夫《おっと》は、彼女の外遊に同行すまい。

女性の権利や自由を居丈高に叫ぶグループも、このことに関して一切沈黙しているのは、世界の七不思議の一つと言えよう。

第十章　名　医——世界最先端医学を持っていた中国

『史記』が記録する名医・扁鵲《へんじゃく》

漢方薬の発達については、第二章「不老不死」で縷々《るる》述べた。ここでは、いわばその薬を的確に使って、あるいは自身が身に付けた医療技術で、重病人を全快させた医師について語ろう。

神話時代には兪跗《ゆふ》なる名医がおり、薬や按摩《あんま》術、鍼《はり》などを用いず、手で身体《からだ》を裂いて治療したとされる。まるで、神の指先とも言うべき超能力だ。

かつて、フィリピンで似たような医師が評判を取った。だが、トリックを使ったインチキで、すべてを暴かれ詐欺師のレッテルを貼られていた。いわば兪跗は、理想的な医師とはかくありたいとの夢物語である。

それは別として、古代には名医の代名詞ともなっている扁鵲《へんじゃく》がいたようだ。『史記』には、道家思想の仙人が下界へ降りてきたような雰囲気で書かれている。

扁鵲は、長桑君《ちょうそうくん》なる隠者に認められ、ここまで積み上げてきた医術をすべて伝えられたとされている。日本の修行や徒弟制度に準《なぞら》えれば、免許皆伝されたことになろう。

扁鵲は秦越人《しんえつじん》が本名というが、そうではないと言ったり、出身地は河北省や河南省などと異説がある。記録によれば、活躍した時期も前七世紀中頃から前四世紀中頃と三百年に及ぶ。

彼は、春秋末期に晋の重臣だった趙簡子《ちょうかんし》が長い眠りについたとき、心配している家臣たちの依頼で診察した。そして、即座に病気ではなく眠っているだけだと断言した。また、どのような夢を見ていて、いつ頃起きるかまで予言している。

これでは、まるで占師だ。

こうしてみると扁鵲とは、どうやら個人ではなさそうだ。三百年もの活躍は、どう見積もっても個人の所業ではあり得ない。

伝家の医療法を歴代伝えて襲名した血筋の者、もしくはそれを継承した技術者か、占師をも兼ねた医療集団のブランド名だった可能性が高い。

もし集団名なら、そこからさまざまな分派が生じ、中国の各地へ散ったことだろう。それらが、後述する医師たちの源流だったのかもしれない。

娘たちの孝心が国政を動かす

時代は下って、前漢の五代目文帝《ぶんてい》（劉恒《りゅうこう》）の御代に、太倉公《たいそうこう》が医術に通じていたと『史記』は伝えている。

彼には、娘が五人いたと具体的な記述があるので、こちらは個人のようだ。太倉公は本名ではなく、斉《せい》（山東省）の太倉（国の倉庫）の長官をしていたので、こう呼ばれている。本名は淳《じゅん》于《う》意《い》（淳于が姓）といい、臨淄《りんし》（現在の臨博）に住居があった。

上級役人であるにもかかわらず医術を志していたのは、本人が素人ながら薬草の調合などに興味があったと思える。要は独学だったのだろうが、五人いる娘に製薬を手伝わせていたとも考えられよう。

同郷に陽慶《ようけい》なる高齢の医師がおり、彼には子がなかったので、淳于意を見込んで扁鵲系統の医術を教えたという。これも、前述した分派の一系統と推量できる。

医術を伝授されたものの、淳于意は薬の研究にも余念がなかった。あまりにも没頭し過ぎて、診察の約束をいくつも違《たが》えたらしい。それゆえに彼は訴えられ、有罪の判決を受けてしまった。

その罰は肉刑だったと記録されいる。

つまり、肉体が損傷させられる刑で、重ければ死刑、軽くても四肢（手足）の一部または性器を切り取られる刑である。彼は、そんな具体的な状況を目前にして、自分に男児がなかった悲運を嘆きだした。

それは、男であれば父の危機に際し、贖銅《しょくどう》（罪を金銭で買い取ること）すべく動いてくれる。しかし、女五人では、ただ嘆き悲しむだけで、さっぱり役に立たぬという勝手な言い分だった。

これを聞いた末娘の緹縈《ていえい》が、官奴（政府の管理下での奴隷）になるので父の罪を減じて欲しいと訴えた。

「孝行娘だな」

役人は皮肉っぽく言うが、緹縈は真剣な目で彼に訴える。

「死者は生き返ることが叶わず、同じく肉体の一部を失った者は、それを取り返すことができませぬ」

「ああ、お上も、それを充分承知の死刑や肉刑なのだ」

彼女の訴えに、役人は素っ気なくも冷たい返事をする。

「我が父親は、かつて斉国で国倉の管理をしておりました。そのおりは物資を公平に分けて、皆様に喜ばれておりました」

「うむ、それは確からしいな」

「その人柄から、陽慶様より医術を伝授されましたが、昔から薬の調合に興味を抱き、一旦いい薬草を手に入れると、昼夜を忘れて研究に没頭致します」

「しかし、診察の約束を違えて、病人を殺すようなことでは、本末転倒であろう?」

「それは仰せのとおりにて。それゆえ、父が罪に問われるのはいたしかたないこと。なれど、一度腕なり脚なりを落とされれば、二度と生えてはまいりませぬ。父は悔やんでおります。次に往診を頼まれれば、製薬の途中でも娘たちに後を頼んで駆けつけると申しておりました」

「それはよい心がけじゃな」

「それでも、四肢の一つが欠けていれば、それも叶わぬことで、助けられる人をもみすみす見殺しにせねばなりませぬ」

「それで、おまえが父に代わって罰をうけるというのか?」

「はい、仰せの節季の年数を、官の奴婢《ぬひ》に身を窶《やつ》しましょう」

ここまで覚悟を聞かされた役人は、「うむ」と唸って考え込む。まるで『震旦《しんたん》二十四孝（中国における二十四人の親孝行な人々の物語。儒教の教えで後世の模範とした）』を地で行くような話である。

このことが、時の文帝の耳に届いた。実は文帝自身、右の二十四孝の一人である。彼は不遇な時代にも母の薄姫（劉邦の後宮の一人）を労《いたわ》り、自身が皇帝になって母が太后になっても、常に部下ではなく自ら食事の毒味を買って出ていたという。

「その緹縈とやら、天晴れな心延《こころば》えである」

彼女の行動は文帝の琴線に触れたらしく、父親の淳于意は許され、以降の約束は心して守ったと伝わる。

それだけではなく、文帝は肉刑そのものを廃止したのである。緹縈という女性一人の訴えは、ついに国政をも動かしたことになる。

娘の緹縈や姉四人の運命について、司馬遷は言及していない。ただ、淳于意が、さまざまな所で、正しい見立てをしたと伝えるのみである。

このような話では、登場した文帝は悪の皇帝ではなく、『善』になる。だが、一服の清涼剤として、たまにはこんな紹介もよかろうと思う。

世界最初の外科医・華佗《かだ》

時代は『三国志』の頃へと下る。

史書に残る華佗という医師は、麻酔薬を作ったとされている。その製法は判らないが、事実とすれば大した業績である。

薬の名は「麻沸散《まふつさん》」と歴史書の『三国志』に明記されている。

思ふことみなつきねとて麻の葉を切りに切りても祓《はら》へつるかな
和泉式部

「麻」には陶酔作用があり、水無月祓《みなづきばら》いの神事などに使われた。右の歌は、その模様を伝えた絶唱である。中国でも、そのあたりの事情は同じであろう。

華佗の秘薬の名に「麻」が付けられているのは、きっと麻の作用を利用した薬だからと思える。

そう言えば、中国語の「お手数をかけます」に当たる「麻煩你《マーファンニー》」を直訳すれば、「あなたを痺《しび》れさせて煩《わずら》わせます」となり、こんなところにも麻の作用が隠れている。

つまり、麻は痺れるものとして古代中国で認識されており、華佗はそのエキスを調合して麻酔薬を作り上げたと思われる。使うためには煙を吸うのではなく、酒と一緒に服用するとある。それならば、刺激的な味の粉末か液体と推察できる。

彼が大きく世に出たのは、曹操《そうそう》の意思によると指摘しても過言ではあるまい。何しろ、出身地が沛国県《はいこくけん》（安徽省亳県《あんきはくけん》）というから、曹操と同郷になる。

華佗は周辺で名医として、若い頃の曹操は地元豪族の札付きの暴れん坊として名を挙げていた。だから、双方とも互いに名は知っていたようだ。

いや、少なからず面識もあったろう。

曹操の青少年時代、世間を席巻していた医療に太平道《たいへいどう》の施術があった。それは、大賢良師（張角）という教祖の名の下に、日常生活における自己の些細な罪を告白する懺悔《ざんげ》から始まるとされている。

考えようでは、現在の精神コンサルタントにも似て、心の安定を図って治療を施す方法とも言えよう。

最後に大賢良師が手ずから作った水（多分、只の清水）を飲ませることで病が完治する。いわば、プラシーボ効果を利用した催眠療法である。また、比較的軽度な精神的な迷いなら、このような方法も使えよう。だが、内科的、あるいは外科的な手術を要する病や怪我《けが》には、まったく治療は期待できない。

ただ、盲信する庶民が非常に多く、莫大なお布施が転がり込むので、太平道は経済的に大きく潤った。無論、後漢政府は彼らの台頭を警戒している。

すると、それを逆手に取った格好で、ついに太平道は政権奪取まで考えて反乱を起こす。これが一八四年に起こった黄巾《こうきん》の乱である。

何となくオウム真理教事件の反社会性を思い起こす。この反乱鎮圧に義勇軍として参戦し、頭角を現したのが劉備《りゅうび》や関羽《かんう》、張飛《ちょうひ》であり、孫堅《そんけん》（孫権《そんけん》の父）であり、曹操もその端くれに連なっていたのだ。

後漢の正規軍ではなくて、鎮圧軍に参加した者らは、一旗揚げたい野心家でもあったろうが、その裏には太平道の欺瞞《ぎまん》性に飽き飽きしていた心理も働いていたろう。

このようなカルト（犯罪的行為も是とする狂信的なグループ）教団は、洋の東西を問わずどの時代にもあるものだ。

曹操は乱の終結後、後漢政府の中枢に身を置いたが、何進《かしん》の暗殺や袁紹《えんしょう》と組んだ袁術《えんじゅつ》の宦官《かんがん》殺戮《さつりく》事件、董卓《とうたく》の政権奪取、長安遷都といった嵐の中で洛陽を離れ、地方の群雄として徐々に力を貯える方針を取った。

やがて二〇〇年の官渡の戦いで、河北（長城までの黄河北部）及び中原（洛陽周辺）、関中（長安を中心とした渭水盆地）を手中に収めると、曹操は自己の健康が気になりだしたらしい。彼には、偏頭痛《へんずつう》という持病があったのだ。

無論のこと、太平道の医療など端から信じなかった曹操は、旧知の華佗を御殿医に指名した。華佗という人物は、生年が明瞭ではない。かなりな年配のはずなのに若々しかったとされるのは、薬の効能とされた。周囲を信じさせるため、若さを隠して逆に歳を偽っていたのかもしれない。

正月のお屠蘇《とそ》や、現在の健康体操に当たる導引《どういん》の術も、彼の発案もしくは改良とされている。

彼のイメージとしては、道家思想の仙人のごとき様相を思い浮かべる。それは山野草を採取して、誰も入れない調合室で、効能成分を秘密裏に精製していたためだろう。

そのような神秘性をも、曹操は好んだのかもしれない。

華佗は、曹操に引き摺《ず》り出される格好で鄴《ぎょう》（河北省臨漳《りんしょう》付近）の館へと出仕した。仙人然とした華佗には、やや不似合いな場所ではある。それでも持ち前の技術と薬の処方で、真面目に務めていた。

当然ながら弟子や手伝いの若者も大勢付けられ、曹操の家族や親族重臣たちも、華佗に診《み》てもらえたろう。陳登《ちんとう》や李通《りつう》の妻などが、診断の記録に残っている。

華佗は、他の医師のように鍼を使ったり按摩《あんま》の技術や投薬もあった。だが、違ったのは、必要とあれば内科や外科の切開手術をしたことだ。その際の痛め止めに、秘薬の麻沸散が使われたのに間違いない。

このように、華佗の宮仕えはつづいたようだ。ところが、宮廷生活に慣れたためか、彼はその心象にそぐわない希望を持ち出し、曹操を愕《おどろ》かせていた。

「医術を疎《おろそ》かにはいたしませぬゆえ、政《まつりごと》に参画させていただきたいのですがな。いかがでございましょう?」

かなり執拗に言われたためか、曹操は、華佗に疑念を抱いたようだ。彼としては、隠者のような、医術と製薬だけに専念する名人を所望したはずだった。

「なのに、随分俗っぽい奴だなぁ」

一方、華佗は華佗で、積年の思いがあったらしい。それは、医師なる職業の社会的地位の底上げだった。首を傾《かし》げられるかもしれないが、現在では想像できないぐらい、当時の中国では医師という存在は低く見られていたのである。

それは、腫《は》れ物《もの》や痔《ぢ》などの患部に、直接口を当てて、膿《うみ》や悪性の血を吸い出す治療があったからだと言われている。つまり、穢《けが》れた存在と見られたわけだ。

人の命を預かる自負がある華佗は、政に参画して名を挙げることで、そのような偏見に対抗しようとしたようだ。

「おまえに期待しているのは、儂《わし》の頭痛を取り除くか軽減させることだ」

「完全に治すには頭部を切開して、病巣を切除せねばなりませぬ」

麻酔薬の使用に自信がある華佗は、そのように提案してみた。

「儂を暗殺して、取って代わる所存か?」

曹操が華佗に医師以上の待遇を与えなかったので、彼は医書を取りに帰ると館を辞し、妻の病気を理由に曹操のもとへ戻ろうとしなかった。華佗に去られた曹操は困り、何度も居城にしていた鄴へ帰るよう依頼したが、彼はもう嫌がった。

政治参画を餌《えさ》にすれば、きっと簡単だったのであろう。しかし、それは曹操の誇りが許さなかったのだ。

「目を掛けてやったのに、恩を忘れおって。医師ごときに政へ嘴《くちばし》を突っ込ませられるものか!」

やがて、華佗の妻は仮病だと判り、役人に踏み込まれて、彼は医書を抱えたまま鄴の牢獄へ入れられた。曹操の命に応えなかったため、逆鱗《げきりん》に触れたことになる。

「やつは必要な人物です。絶対に死なせてはなりませぬ」

助命嘆願や責め苦を与えるのを諫《いさ》める声もあったが、曹操は気持を動かさなかった。

華佗は拷問にあって、ついに獄死した。だが、彼は事切れる前に獄卒に医書を渡していた。

後日、誰か医術を志す者に伝わるよう心を砕いたのだ。それでも、獄卒の妻は後難を恐れて焼き捨ててしまった。

これが二〇七年の末頃で、華佗の医術は後世に残らず、ついに伝説となったのである。

ところで、彼を殺害した格好の曹操は、後悔することになる。息子の曹沖《そうちゅう》は、孫権から献じられた象の重さを量るのに、舟に乗せて沈んだ所に印を付け、後で大石を同じだけ乗せて、その総量を計ればいいと答えるほど聡明だった。

その曹沖が、病に罹《かか》って重篤になったからだ。一説には、華佗が処刑同然で死んだことによる精神的ショックとも言われる。

「しまった。こんなことなら、あいつを生かしておけばよかった」

曹操が悔やんでも、もう後の祭りだった。

医は仁術なり。杏仁を育てた董奉《とうほう》

三国時代の呉には、董奉《とうほう》なる医師がいた。彼は無欲恬淡《むよくてんたん》たること、介子推《かいしすい》のごとき人物だった。

病人が彼に診察を依頼して全快した暁に、董奉は料金を杏《あんず》の苗木で求めた。重病人は五株で軽い者は一株である。それを、診察室に隣接する空き地へ植えさせたのだ。

このようなことを繰り返していくうちに、周囲は杏の森林になっていく。

杏の実は、広く薬用に使える。

種の中にある仁《さね》が主材料である。杏仁と書き、日本で薬用に供されるときは「きょうにん」、料理の材料としては「あんにん」と発音される。

杏仁《きょうにん》は麻黄《まおう》（マオウ科の地上茎）と一緒にして、鎮咳剤《ちんがいざい》（咳《せき》を抑える薬）や去痰剤《きょたんざい》とされる。

また、大青竜湯《だいせいりゅうとう》なる飲み薬にも使われ、鼻炎、気管支炎あるいは喘息《ぜんそく》などの症状を抑えるとされている。

このような効能は、三国時代が始まる前の後漢末期に著された張機《ちょうき》の『傷寒《しょうかん》（チフスなどの病気）論《ろん》』に記載されている。嫌な言い方をすれば、第二章「不老不死」で述べたごとく、それまでの人体実験から導き出された薬効の集大成と言えるだろう。

それならば一世代後の董奉は、それらを充分承知のうえで、自らの手を煩わせず杏仁を手中に収めるよう、患者たちに作業をさせたことになる。

収穫も、恩義を感じている元患者たちにさせていたのだろうか？　そのようなこともあったろう。それは自分で調合するには余りある量だったはずだ。

彼は、それらを仲買業者へ卸《おろ》したらしい。それは金銭売買ではなく、穀物との物々交換であったという。穀物は診療所に併設された倉庫に収納される。

値上がりを待って、市場や商人に売りつけられたのか？　いや、さにあらず。蝗害《こうがい》や干魃《かんばつ》がもたらす凶作に備えたのだ。

この後、孫権《そんけん》が治める呉を、何度かの飢饉が襲った。董奉はそのたびに倉庫を開放して、庶民に穀物を分け与えた。まるで、聖人君子を地で行ったような人物であるが、彼もまた杏の林を育てることで、華佗のごとく、医師の地位向上を目指したのかもしれない。

彼は、華佗が曹操の囚《とら》われの主治医にされたごとく、孫権から出仕するようにと、命令を受けなかった。

それは孫権が、董奉の存在を知らなかったからかもしれない。いや、評判のいい者が褒められ、自分たちが割を喰うと邪推した側近が、わざと知らせなかったのだろう。それが彼に幸いし、天寿を全うできたようだ。

日本には『杏林《きようりん》』と名の付く大学や製薬会社がある。それらも、董奉の故事にちなんだものである。

第十一章　直情径行——故事「完璧」「刎頸《ふんけい》の友」の背景

頭脳より腕力の廉頗《れんぱ》、樊噲《はんかい》、張飛《ちょうひ》

『刎頸《ふんけい》の友』なる故事は、廉頗《れんぱ》のキャラクターなくしてはありえなかった。彼を簡単に評すれば、趙《ちょう》（戦国七雄の北国）を代表する武闘派の猪突猛進タイプの豪傑である。何処《どこ》のグループにでも必ず一人二人はいるものだが、愛すべき人物も多い。廉頗を積極的に取り立てたのは、趙の恵文王《けいぶんおう》（趙何《ちょうか》）であるが、この王もやや複雑で歪《いびつ》な育ち方をしている。

恵文王の父は中国史上最初に騎馬軍団を作った武霊王《ぶれいおう》（趙雍《ちょうよう》）である。この非凡な王が、破《は》天荒《てんこう》な戦術を編み出した経緯は、ここでは割愛する。

武霊王には、長男の趙章《ちょうしょう》と異母弟の趙何、趙勝《ちょうしょう》（戦国四君の一人平原君《へいげんくん》）らがいた。趙何は武霊王の愛妾（呉娃《ごあ》）が産んだ息子だが、頭脳も優秀だった。それゆえ、武霊王が王位を生前に趙何へ譲って恵文王となったのだった。

現代の会社で例えれば、自らが会長に退いて、出来の良い次男を社長職に据えるようなものだ。しかし、こうなると面白くないのが長男の趙章で、前二九六年、遊行に呼ばれたのを好機と捉《とら》えて反乱を起こした。

だが、警戒していた恵文王側近の手勢に撃退され、武霊王の館へ逃げ込んだ。そこを、恵文王の正規軍に取り囲まれる。

こうなると、趙章は兵糧攻めに遭《あ》ってじり貧となる。ついには捕らえられて処刑された。だが、さらなる問題はここからである。

恵文王側は、それでも武霊王への包囲を解かなかった。趙章を処刑したことで、武霊王から勘気《かんき》を蒙《こうむ》って、逆に処刑されることを怖れたからだ。

この結果、趙国史上最大の名君と評された武霊王は、哀れにも雀の雛《ひな》まで捕らえて食し、ついには餓死することとなる。

この最中、廉頗や平原君は二十歳前後で、包囲網の一翼を担っていたと思われる。平原君は王族なので中枢部にいたろうが、廉頗は前線の連隊長クラスで、趙章の部下らを殲滅《せんめつ》する働きをしていたろう。

廉頗が『史記』に登場するのは、前二八四年に斉へ侵攻した軍功からである。武霊王を包囲した事件から十二年経っているが、その間に武人として叩き上げて出世したようだ。要は合戦で武功を重ねて、認められたわけだ。それゆえ、知よりも腕力に走る傾向の人物に育った。似たような武将に劉邦の部下の樊噲《はんかい》や、劉備の弟分張飛《ちょうひ》がいる。

また、秦が台頭していく中、恵文王もそんな武人を是非とも必要としたのだろう。


その秦から、無礼極まりない要求が来たのは翌前二八三年だった。

「趙王がお持ちの『和氏《かし》の璧《へき》（名玉）』を、秦の十五城と交換していただきたし」

咄嗟《とっさ》に誰もが直感したのは、十五城など釣りの餌《えさ》同然で、秦が武力を背景にして、国宝を取り上げるつもりだということだ。かといって無視すれば、宣戦布告の口実を与えることになる。ここで、難しい使節の役を仰せつかったのが、当時無名の藺相如《りんしょうじょ》なる人物だった。思慮深く道理を明察し、決断力に富んでいるという触れ込みだった。

廉頗が一番嫌うタイプだったろう。

「どうせ、舌先三寸の男だ。第一に、宦官令《かんがん》、繆賢《びゅうけん》の推薦ということも気に喰わん」

いつの時代も、男性機能を失った宦官は、一段低く見られたものだ。かといって、廉頗は使節という柄ではない。

藺相如は、秦の都咸陽《かんよう》へ赴いた。

そこでは昭襄王《しょうじょうおう》はじめ、太后から王后や重臣までが、一目和氏の璧を拝もうと集まって笑いさざめいていた。

藺相如がおもむろに箱を開いて包みを解き、高坏《たかつき》に載せて和氏の璧を昭襄王に差し出すと、王は即座に手で摑《つか》み、矯《た》めつ眇《すが》めつ眺めてから太后に手渡した。それが王后に廻り、重臣たちが順に脂《あぶら》の浮いた指で弄《いじ》り回した。

他国の宝物に対して、実に無礼きわまる行為である。筆者はこの場面を読むにつけ、現在でも似たような場面があることを、常々苦々しく思っている。

オリンピックのメダリストが帰国すると、すぐにニュースショウへ引き出される。彼（彼女）の業績を称えるまではいいが、次にメダルを首から外させて、キャスターとコメンテーターが寄って集《たか》って触りまくるのは、まさに秦が和氏の璧を玩《もてあそ》ぶのにそっくりで、偉業に対する敬意の欠片《かけら》もない。

「その璧には、瑕疵《かし》（傷）がございます」

さて、秦の無礼を我慢していた藺相如はそう言って、昭襄王や太后、王后、重臣、高官、後宮の女たちを愕《おどろ》かせた。

「さて、どちらに？」

秦の面々が説明を求めようと、璧を藺相如へ戻す。すると彼は璧を持って大きな柱の傍へ立ち、並み居る秦の雲上人《うんじょうびと》を面罵《めんば》した。

「秦の方々が、他国の国宝に対する態度がそれですか？　五日ばかり斎戒沐浴して、恭《うや》しさを示すのが礼儀でございましょう。これ以上、無礼な扱いをなさるのなら、この柱へ打ち付けて割り、我も一緒に死にましょう！」

その形相と声の響きに、昭襄王は謝って身を清めると誓い、一旦藺相如を下がらせる。

藺相如は広成伝舎《こうせいでんしゃ》（客の宿舎）に戻ったが、秦が十五城など渡す気がないと見て取った。そこで、汚らしい服装の小者に璧を持たせ、先に趙へ帰らせる。

いざ、昭襄王が体裁を整えて璧を拝もうとしたとき、もうそれはないと判った。周囲は藺相如を処刑しようとしたが、昭襄王はそれを止める。そこには秦の弱みがあった。

十七年ばかり前、秦は斉の孟嘗君《もうしょうくん》を招聘《しょうへい》して、宰相職に就けようとした。しかし、斉に都合のいい政策をされては困るといった一派が、暗殺を主張しはじめたのだ。

それを知った孟嘗君は、付き添いの食客が機転を利かせて逃亡できた。それが、『鶏鳴狗盗《けいめいくとう》』の故事である。

また、楚の懐王《かいおう》（芈槐《びかい》）を、美女との婚礼を餌に武関へ誘《おび》き出して拉致《らち》した。そして、咸陽で囚われの身のまま客死させている。

軍事大国として台頭した秦の横暴、ここに極まれりである。このようなことは、結局「秦は嘘偽りが多く、約束を守らぬ」と評判を落としただけだった。それゆえ、藺相如の取った態度も理解でき、ここで彼を処刑しても恥の上塗りである。

昭襄王は、ようやくそれに気付いて藺相如を上客として待遇して帰した。こうして璧を全うしたことで、『完璧《かんぺき》（完全無欠の意）』なる故事成語が生まれたわけだ。

このとき廉頗は詳しい経緯を知らず、藺相如が口先だけで誤魔化し、たまたま上手く璧を持ち帰れたぐらいにしか思っていなかった。

さらに秦王を脅す藺相如《りんしょうじょ》

それからも秦は何かと因縁を付け、軍事力にものを言わせて趙の国境付近を何度も侵攻してきた。その矛先を和らげるためには、領土を割譲して納得させるのが普通だ。

今ひとつは、国境付近で王同士が会談して平和条約を結ぶ、会盟という方法がある。秦王から趙王へ澠池《びんち》（河南省）で会いたいと要請があったのは、前二七九年である。

趙の恵文王は行くのを渋ったが、行かねば秦に戦いの口実を与える。これは、『和氏の璧』が

『王』に代わっただけで、同じパターンの難題である。
このとき、廉頗と藺相如が対応を相談し合っている。おそらく廉頗は、辞を低くして恭《うやうや》しく接する藺相如を顎《あご》で指示したのだろう。

内容は、恵文王が万一拉致《らち》や暗殺されたとき、後継をどうするかを考え、追撃の兵をどこから出すか、護衛をどこに待機させるかだったろうと思える。

藺相如はできるだけ戦わず、体面を保てるよう相手の出方を見ようとした。

さて、会盟は和やかに行われ、恵文王に危害を加えそうな気配はなかった。するとやおら秦の昭襄王が言う。

「趙王は音楽がお好きだとか、ひとつ、瑟《しつ》（大きな琴）を奏《かな》でていただきたい」

これで藺相如は、今回昭襄王がなぜ会盟を申し込んだか理解した。恵文王に恥を掻かせて、気持を萎縮《いしゅく》させるためだ。そうすれば、今後秦の要請は容易《たやす》く通ると踏んでいる。

それならば、このような強要は拒絶せねばならない。しかし、藺相如が動くよりも早く、秦の従者が恵文王に瑟を渡している。

楽器を手にした恵文王が弦に触れると、記録官は日時と場所につづき、「秦王、趙王と会飲し、趙王をして瑟を弾かしむ」と書いた。

そこで藺相如が進み出て言う。

「秦王も楽器に御堪能《ごたんのう》とか。趙王もお聞きになりたく、是非缶《ほとぎ》（瓦の楽器）を叩いて歌っていただきたいものです」

藺相如の静かな声を聞いた昭襄王と側近たちは、それが和氏の璧の一件で一本取られた相手と判った。だから手が出せず、頭《かぶり》を振るのが精々だった。

「王と我の距離は数歩でございますれば、血を振りかけることもできますぞ」

つまり、斬り死に覚悟で暗殺できると脅したのだ。これは春秋時代の刺客曹沫《そうばつ》が、斉の桓公《かんこう》に対した脅迫と同じである。

左右の側近は藺相如の鋭い目に威嚇《いかく》されて動けず、また彼の覚悟を知っている昭襄王も諦《あきら》めて、控えている楽団員から缶を持ってこさせた。そこで、昭襄王は楽器を叩いてしぶしぶ歌う。

「書記官殿。『趙王、秦王をして缶を叩いて歌わしむ』と、お書きなされ」

藺相如の言葉どおり、書記官は事実を筆記する。正式な記録には、王も容喙《ようかい》できないのが、中華の伝統である。

これに業を煮やしていたのが、昭襄王の群臣たちだ。中の一人が言う。

「趙の十五の城邑《じょうゆう》を、秦王の長寿を祝って献上していただきたいものです」

だが、藺相如も負けてはいない。

「秦都咸陽《かんよう》を差し出して、趙王の長寿を祈っていただきたく存じます」

このようにして、ついに趙の恵文王は秦の昭襄王に屈服せずにすんだ。これには王も喜ぶまいことか。それゆえ、藺相如は上卿《じょうけい》に任ぜられた。この位は当時の将軍より上である。

面白くないのは、廉頗だった。

彼は、会盟のようすを部下から聞いていたろう。ただ、護衛の校尉たちは、やや離れた所からようすをみていただけで、藺相如が死を賭して昭襄王に対していたことは判らなかったはずだ。つまりは、軽妙な遣《や》り取りだけが聞こえていたに過ぎない。

「俳優《わざおぎ》のごとき口上だけで、何が上卿だ」

廉頗の憤懣《ふんまん》は遣る方なかった。彼にとっての成果や勝利とは、軍事的な殺戮《さつりく》の果てにしかなかったからだ。それゆえ文人の知力を、あまりにも低く見ていた。

「この次、やつと行き会ったら、目に物言わせてくれるぞ」

廉頗がそのように言って喧嘩腰でいることは、自然と藺相如にも伝わる。彼は、武人の単純な精神構造に溜息を吐《つ》く。それゆえ、偶然の邂逅《かいこう》を避けようと努めた。ところがある日、藺相如が馬車で出かけると、大路《おおじ》の彼方から廉頗の車が見えた。そこで藺相如は彼を避けるため、横道へ車を入れて遣り過ごす。

そこでは事なきを得たが、晩方になって馭者《ぎょしゃ》や従者が暇乞《いとまご》いを願い出る。理由を訊くと、廉頗から逃げ隠れしていることを、情けなく思うと口を揃えた。

「儂が廉将軍（廉頗）と喧嘩して、たとえ勝ったとてどうなる?」

主人から言われ、小者の一人が応える。

「それなら吾らは溜飲が下がりますが、いつも逃げてばかりでは恥と存じます」

藺相如は、彼らの気持を受け止めて諭す。

「今、秦が趙へ攻めてこないのは、儂が文（外交交渉）を担当し、武（軍事行動）を廉将軍が抑えているからだ。その二人が趙国内で対立すれば、きっとどちらかが死ぬだろう。それこそ、秦の思う壺であると解《わか》らぬか!」

馭者や従者たちはこのように説得され、彼らはようやく藺相如のもとに留まった。藺相如も内心ほっとしていたのかもしれない。翌日から馭者なしでは、外出もしにくい。

だが、後日この説得は、予想外の出来事をもたらした。

「藺上卿（藺相如）殿は御在宅か?　我は廉家の食客ですが、是非お取り次ぎを」

「して、どのような御用向きで?」

廉頗の息がかかっている者ならば、刺客の恐れもある。従者は、警戒しながら訊いた。

「実は、廉将軍が直々に詫びを入れたいと」

食客が目を背後に流すので、従者はそちらに視線を移す。すると上半身裸（日本での土下座に当たる格好）の廉頗が茨《いばら》の鞭《むち》を背負って門前に立っていた。

これに愕《おどろ》いて、彼は主人へ注進する。さらに愕いたのは藺相如自身で、彼は廉頗を屋敷へ迎えた。彼が挨拶する前に、廉頗が慌ただしく口上を述べる。

「嗤《わら》ってくだされ。我は、上卿がこれほどまでに、寛大であられるとは知りませなんだ」

要は、秦を見据えて私怨《しえん》を抑えていたことである。廉頗も軍事の専門家なら、内紛が滅亡につながることぐらい、充分理解できたはずだ。ここで一歩思い止まれただけ、彼は前漢の樊噲や蜀の張飛より増しな人物だった。

『刎頸の友（相手のためなら、たとえ頸《くび》を刎《は》ねられても構わないという、堅い絆《きずな》でむすばれた友）』は、こうした経緯から生まれた。

武人らしい廉頗の最期

ここから十数年、秦は趙を攻めなかった。それは確かに廉頗と藺相如の存在がものを言っていたからだ。

同じ頃、秦は常勝将軍の白起《はくき》が楚を侵略して領土を蚕食し、都すら東へ移させるほどだった。白起は趙としても、今後警戒を要する人物である。

秦が趙に対して戦いをしかけてきたのは、前二七〇年の閼与《あつよ》の戦いだった。このときの将軍は、白起ではなく胡傷《こしょう》である。

趙の将軍は、第九章でも登場した趙奢《ちょうしゃ》で、部下を大事に扱うと同時に、厳しい軍令も課した。そして、秦軍が来る前に高い陣地を占領し、敵軍を徹底的に追い払って馬服君《ばふくくん》（馬氏のルーツ）の称号を受けた。

彼も秦から怖れられ、廉頗、藺相如に馬服君（趙奢）が加わったことで、趙は一番安定した時期を迎えていた。だが残念なことに、それは長続きしなかった。

まず、前二六六年に恵文王が崩じ、それにつづくように趙奢も他界した。また、藺相如自身も病の床につくようになってしまった。それを見越したように、秦が軍を動かす。

韓《かん》の領土には、北へ半島のように延びた部分（上党地方）があった。秦は、土地が肥えて農作物が豊かな地を、韓から割譲させようと迫っていた。

このとき、世界史上最初の住民運動で上党地方の人々は趙に帰属したいと願った。彼らから慕われたのは平原君（趙勝）である。彼は王族で食客数千を養っており、義理人情に篤い男と評価されていたようだ。

皮肉な見方をすれば、資産家の子弟が似非《えせ》侠客《きょうかく》の顔役になりきって、男伊達を気取っていたとも言えるだろう。

趙の孝成王《こうせいおう》（趙丹《ちょうたん》）をはじめ首脳部は、上党住民の申し出に難色を示した。背後に秦の鋭い目を感じていたからだ。

「助けを求めてきた者らを、無下《むげ》に見放していいものでしょうか？　それに、戦わずして領土が増えるのですぞ」

平原君は上党住民の意向に応え、趙の方針を決めていった。ここで上党守備の将軍として廉頗が抜擢《ばってき》された。この頃の彼は、居るだけで秦側を圧迫する貫禄を示した。それゆえ秦は、持久戦の廉頗に手出しできなかった。

そこで秦は策を練り、「廉頗など恐るるに足らぬ。本当に怖いのは趙括《ちょうかつ》だ」との噂を流した。これを信じた趙は廉頗を更迭《こうてつ》して、趙括を将軍に据える。

この人事に、廉家の食客の多くが去った。将軍の座を外されて、食客らに就職斡旋《あっせん》できなくなったことと、藺相如が亡くなっているのに、生きていたからかもしれない。

さて、趙括とは、閼与の戦いで名を挙げた馬服君（趙奢）の息子である。兵学を学び、議論で負けたことがないという優等生だ。だが、若いがゆえに実戦経験はなかった。

前二六〇年、秦は将軍に白起を据えて全面対決に乗り出してきた。戦場での駆け引きを知らない趙括は、白起の誘き出しに乗って兵を繰り出した。そこを、百戦錬磨《ひゃくせんれんま》の常勝将軍に、赤子の手を捩《ひね》られるごとく負ける。

これが長平《ちょうへい》の戦いで、このとき捕虜にされた趙兵四十万人が坑殺《こうさつ》（穴埋め）にされた。

我々日本人は、これは白髪三千丈式の大袈裟な数字が置かれたのかと思う。だが中国では王朝が交替するたびに、人口が半減するなどと言う。つまり、殺戮《さつりく》においても、日本とはスケールが違いすぎる。毛沢東も文化大革命で何千万人も間接的に殺したとされるのも宜《むべ》なるかなである。

趙の兵力は半分以下に落ちたので、秦が一気に趙都邯鄲《かんたん》を攻撃して陥落させておれば、雪崩《なだれ》式に周辺諸国も滅んだはずだ。

ところが、秦の首脳部は白起を呼び戻した。表向きは大量の坑殺に対する哀悼としたが、本音は、未曾有《みぞう》の戦果に対する白起への膨大な恩賞に困惑したからである。

これは趙に体勢を調え直す時間を与えた。周辺諸国も明日は我が身とばかり、魏の信陵君《しんりょうくん》（魏無忌《ぎむき》）や楚《そ》の春申君《しゅんしんくん》（黄歇《こうあつ》）らが義勇軍を率いて邯鄲へ助太刀にやってきた。彼らが協力して必死に邯鄲を守り、趙は命脈を永らえたのだった。

このときは平原君が主体の防衛軍だったので、廉頗がどういう役割を負っていたかは判らない。ただ、前二五一年に燕《えん》が攻めてきたときにはこれを撃退し、燕領の一部を趙に併合する戦果を挙げている。そのため、同年平原君が薨去《こうきょ》すると、彼は仮の相国《しょうこく》となった。

廉頗が出世すると、以前去った食客たちが臆面《おくめん》もなく戻って来ようとした。しかし、廉頗は彼らを「不義理」と一喝している。

すると面罵されたうえに門前払いとなった食客の一人が物知り顔に、悔しさも手伝った捨て台詞を吐く。

「相国殿は、世間というものをお知りでない。人は利に聡《さと》いものです」

それに対する廉頗の態度を、残念ながら史書は伝えていないが、さらなる大喝一声を向けて、彼らを決して受け容れなかったろうと想像できる。

しかし、中国人の常識では、食客の言葉を正解とする。

基本的に中国人は、強い人間には頭を下げる。権力のある者には媚《こ》びへつらい、貧しく弱い者に対しては恐ろしいほど傲慢《ごうまん》に振る舞う。『論語』に「見利思義」――利を見ては義を思うとあるが、「見利忘義」――目先の利を見て大切な義を忘れる、というのが古代から極限状態を生き抜いてきた中国人の常識である。

「時局を読む者を英雄となす」というのもそれだ。損得勘定で状況を分析し、劣勢から優勢のほうに鞍替えして逞しく生き抜くほうを選ぶ。

前二四五年、廉頗は魏を撃って武功を挙げたが、直後に孝成王が崩じて悼襄王《とうじょうおう》が即位した。新しい王は、当時七十歳を超した廉頗を引退させようとした。

怒った廉頗は後任の楽乗《がくじょう》を蹴散らして、魏へ出奔する。

魏は彼を持て余して飼い殺しにした。すると、秦に攻められた悼襄王は、再度廉頗を登用したく思い、使者を立てた。

廉頗自身もそれに応えるつもりだった。しかし、郭開《かくかい》（多分受け容れられなかった食客の一人）が使者を買収して、使い物にならぬと報告させ、話は流れてしまった。

廉頗は楚へ自身を売り込みに行き、戦いに出たが戦果を挙げられず、その地で失意のまま没した。

前漢の樊噲《はんかい》は、どこまでも劉邦にくっついていたお蔭で、漢が建国された後は貴族に出世した。だが、呂后《りょこう》の妹（呂須《りょしゅ》）を娶《めと》ってしまったため、終生尻に敷かれていた。また張飛は、何かと部下を虐《いじ》めたため、二二一年、結局彼らに寝首を掻かれてしまう。

なんとなく、虐《いじ》めっ子の最期という感想をもってしまう。それは義兄弟たる関羽《かんう》逝去の二年後で、劉備崩御の二年前である。

一方の廉頗は、直情径行の性格はついに変えられなかった。それでも老骨に鞭打つごとく放浪した挙句卒したとはいえ、武人たろうとした生き様は美事と讃《たた》えたい。

第十二章　世界を手中に――四大発明を興したはずが

最も平和を謳歌した宋時代

実はこの世が中国人かモンゴル人中心の世の中になったかもしれぬ分岐点が、歴史上何度かあった。

かつての中国民族の目標が、不老不死であったと第二章で述べた。それを追求する過程で、さまざまな薬が副産物として製造されている。

薬とは、傷害や疾病《しっぺい》を治療して癒《い》やすためだけのものではない。工業薬品系統の薬もあり、その中に火薬もあったのだ。

火薬とは、急激な燃焼反応を起こす粉である。その存在は、漢《かん》の時代から知られていたともいう。

無論、当初は単純な黒色火薬である。その燃え方と音から、多くは爆竹や花火として、冠婚葬祭の儀礼用として使われたようだ。どうやら、景気付けや魔除けにちょうどよいと思われたのだろう。現代も、同じような使われ方をしている場合は多々ある。

火薬が武器として最初に使われ出したのは、宋軍によってとされている。

物干し竿《ざお》状の先が、ちょうど竹の節を切った位置になるよう調整し、そこへ大量に火薬を入れたようだ。

導火線を垂らして敵と打ち合う少し前に着火すれば、相手に向けて爆風に乗せた火炎が送れよう。いわば、原始的な火炎放射器ができたことになる。

この武器を火槍《かそう》と呼んだが、宋軍がどの程度の規模で使って、どの程度の戦果をあげたのかは判《わか》らない。考えようでは、周囲に対して圧倒的な軍事力を示せたはずである。

無論、火槍のままではなく、どんどん改良に改良を加えねば、すぐ敵方に対策を立てられてしまおう。

宋、特に北宋の時代は、太祖の趙匡胤《ちょうきょういん》以降、真宗《しんそう》、仁宗《じんそう》、英宗《えいそう》、神宗《しんそう》、哲宗《てつそう》と聡明な皇帝が輩出して、内政は比較的充実していたのである。それゆえに、軍事力が及ばなかった外部からの反動なのか、周辺の異民族からは押され気味だった。特に東北の遼《りょう》（契丹《きったん》）や金《きん》（女真族《じょしん》）、北西の西夏《せいか》（タングート族）などから、侵攻を繰り返されている。

少し前の五代十国の時代に、中国が遼へ割譲した燕雲《えんうん》十六州（長城に隣接した十六の州）を、宋として、なかなか取り戻すことができなかったのも、宋軍の力が及ばなかった証左だ。

もし、火槍を進化させていたら、その限りでなかったはずなのだ。それでも、ただ、竹槍の先に火薬を入れて火を点けるだけでは、騎馬部隊には使いづらかったろう。

改良されなかったのは、おそらく、宋の文治主義が、極端な形で表れたからだと推測される。つまり、皇帝や周辺（科挙の及第者たち）が文化には理解を示しても、軍事部門に対して一段劣る輩《やから》と小馬鹿にしたからではなかろうか？

そのような風潮があれば、武器を改良しようとの機運も盛り上がらないし、軍事的に強い国家にならないのは道理だ。ゆえに火薬のさらなる実用化を、宋ではできなかったのだ。

一方、宋の時代は印刷術が飛躍的に発展したと言われる。木版印刷術は唐の時代に確立して、仏教の経典が作られたようだ。

宋の文治主義は、この場合はよいように作用したようで、科挙の標準テキストである儒教関係の書物も木版で印刷されている。

活版印刷術もグーテンベルクに五百年ばかり先だって始まったらしい。しかし、アルファベットの二十六文字に対し、漢字は何十万と種類が多過ぎて作りづらく、自然に頓挫《とんざ》したと言われている。

刷られる側の紙も乾きやすい墨が定着して、製本加工しても、皺《しわ》になったり破損したりせぬよう進化していたろう。製紙方法は、後漢の蔡倫《さいりん》が発明（改良）したと言われる。とにかく書写材料としての紙は歴史が古い。

それが西方世界へ伝播《でんぱ》したのは、七五一年のタラス河畔の戦い以降とされている。このときの唐軍に紙漉工《かみすきこう》がいて、捕虜になったと伝えられているからだ。

詳細は判らないが、とにかく八世紀以降にサラセン帝国へ製紙技術が入り、十字軍を通じてヨーロッパへ伝わったとするのが順当な見方だろう。

こうしてみると、十世紀～十一世紀の中国（特に北宋）の文化程度は極《きわ》めて高く、当時世界で一番進んでいたと思える。

現代風に言えば、出版事業が華やかだったわけで、中国は勢力範囲内の出版印刷の業界を牛耳っていたわけだ。もう少し発展していれば、いわゆるマスコミとなって、世界を席巻《せっけん》していたことだろう。

さらに一つ言うと、羅針盤が作られている。

方位磁針相当の磁力を持った針を木片に埋め込み、それを水に浮かべて東、西、南、北を確かめる物である。多くの場合、木片を魚の形に仕上げた木彫で「指南魚」と呼ばれている。

「指南」とは教えるという意味で、日本語としてもよく使われる。

だが、待てよと思う。方位を示す軍事用の車に「指南車」なる物が戦国時代からあったはずだ。何も宋の魚に頼らなくとも、昔から南を示した人形があって、この人形の指にも方位磁針が仕込まれていたのではないのか？

そこでよく調べてみると、指南車の人形には方位磁針など入っていない。この車には、中心部に摩擦係数がほぼ零《ゼロ》に近い歯車が組み合わされている。だから、最初に人形が指さす方向を南にさえ設置しておけば、轅《ながえ》をどの方向へ向けようとも、人形の方向は変わらないよう設計してある。

つまり指南車と指南魚は、南を示す作業は同じでも、道具を機能させる方法が根本的に違ったわけだ。

指南魚は羅針盤の走りである。

それは大した発明なのだが、だからといって、宋の時代から大航海時代の幕が切って落とされたわけでもない。それは火薬や羅針盤をもってして、外へ撃《う》って出ようという気持が中国人に欠けていたからだろう。

世界制覇のチャンスを自ら摘んだモンゴル族

さて、火薬を武器として進化させたのは、どうも元（蒙古軍）らしい。彼らは現代で言う地雷をすでに使っている。その原理は、竪穴《たてあな》に火薬を埋めて、燧石《ひうちいし》が作動するようにさせたのである。その方法は、踏むと結ばれた重りが下がることで、燧石がカチカチ打ち付ける原理であった。

この方法では、最前列の兵が仕掛けに触れて、爆発するまで数秒かかることになり、被害に遭うのは隊列の中頃になる。これで、仕掛けられた側の被害は大きくなる。

元寇《げんこう》の絵巻物などを見ると、「てつぽう」という武器が描かれている。これは金属製の筒に火薬を入れて、石やくず鉄を飛ばしている物のようだ。どうやら、近代の臼砲《きゅうほう》の初期的な武器だったと思しい。

蒙古軍があれほど短期間にユーラシア大陸全般に勢力を伸張させられたことについては、さまざまな論がある。

まず、南宋を始めとした周辺諸国、金、西夏、西遼、ホラズム、キエフ・ロシア公国などが衰退期に入っていたことが、前提として指摘できよう。

畢竟《ひっきょう》、運がよかったのだの一言である。

加えて、それらへ差し向けたモンゴル軍が騎馬軍団だったので、機動力に富んでいたこと。蒙古馬が前後の脚を揃えて動かせるので鞍が揺れず、騎馬兵が疲れにくかったこと。チーズのような酪農製品を食料としていたため、携帯したり補給や輸送が比較的楽だったことなどが挙げられる。

だが、わけても武器の優劣が一番の理由になるはずだ。前述した臼砲や地雷より、火薬を壺に入れて火を点け、それを投石機で敵の城塞に打ちこめば、それだけでも籠城側は怯えて降参しよう。

一二二〇年、ホラズムに勝利したモンゴル軍は、一二二三年にカルカ川の戦いで南ロシアを荒らし始めた。これが、いわゆるルーシー侵攻である。

ロシアの首都モスクワでは、モンゴル軍の周囲を席巻する速さと激しさに愕き、防衛軍を組織するよりも、左記のごときもっと不毛な議論が沸騰していたらしい。

「あれは、悪魔が遣《つか》わせたハルマゲドンの軍ではないか、否か？　確かめねばならぬ」

おそらくは初めて見聞きする火薬の爆発する威力に驚いたからだろう。たぶん、それまでに何の情報も集まっていなかったのだ。そのようなことでは、モンゴルの軍門に降《くだ》るのは当然だったろう。

一二三七年、チンギス・ハーンの孫バトゥー（長男ジュチの息子）率いるモンゴル軍はモスクワを占領した。そして一二四〇年に、バトゥーは現在のウクライナの首都キエフも占領している。

まさに信じ難い快挙であった。

バトゥーのモンゴル軍はさらに西へ転戦し、ハンガリーを拠点にしてヨーロッパへ侵攻していく。一二四一年四月九日、レグニツァ（ワールシュタット＝ドイツ語で「死体の山」の意）の戦いで、ドイツ騎士団とポーランド王国軍（他に神聖ローマ帝国軍や聖ヨハネ騎士団、テンプル騎士団も参加）の連合軍を撃破している。

この戦いは、重装備の騎馬部隊で突進を繰り返すヨーロッパ連合軍に対し、バルタイ（チンギス・ハーンの次男チャガタイの六男）を総大将としたモンゴル側は、軽装騎兵の誘い込みの陽動作戦を採った。これで連合軍の最前線を深く取り込み、前後を分断したのだ。

このとき黒煙を焚《た》いたので、後方は逃げ惑ったとされている。しかし、只《ただ》の煙にそれほど恐慌をきたすわけはない。おそらくは火薬を爆発させたはずだ。

それならば、騎士団や従者たちが度肝を抜かれた理由が解《わか》る。彼らが戦意を喪失したところへ、軽装騎兵の部隊が矢を散々に射かけたのであろう。その最中に総司令官たるヘンリク2世が戦死して、連合軍は収拾の付かない混乱となり、この戦いは終結したのだ。

モンゴル軍は、バトゥーの拠《よ》るハンガリーからヨーロッパ全域への侵攻を計画していたが、同年の十二月十一日に帝国の大汗オゴデイが崩御したため中止された。

オゴデイは、チンギス・ハーンの三男である。長男のジュチは出生が疑われ（チンギス・ハーンの妻ボルテは彼を産む前、メルキト部族に身柄を拉致《らち》されていた）て、次男のチャガタイは、殊更兄の出自を論《あげつら》って気性が激しいゆえ、二人ともハーン（モンゴルの皇帝位）の後継には不向きと言われていた。

それに、モンゴルは儒教国家とは違い、末っ子相続が普通だった。それなら、四男のトゥルイにハーンの位が行くべきだった。それに、彼は知勇兼ね具えた名将でもあった。

しかしチンギス・ハーンは、温厚で周囲との和を図るオゴデイを後継者に指名していたため、一二二七年チンギス・ハーン崩御後のクリルタイ（大会議）でチャガタイとトゥルイの協力を取り付けてハーンの位に収まっていた。

彼が次男と四男の同意を取り付けたので、モンゴルはこの段階で内部分裂を起こさず、西方諸国をはじめとして、四方八方へ撃って出ることができたのである。

また全国に站赤《ジャムチ》（関所）による駅伝制度を導入して、拡大する領土との連絡が密になるよう努めていた。それゆえ、その先端にバトゥーのヨーロッパ侵攻もあったのだ。

だが、一方でオゴデイ・ハーンは酒色に耽《ふけ》り過ぎる一面があったと言われている。そして、一二四一年十二月七日に大きな狩猟を催して、その四日後に頓死したという。獲物の成果を愛《め》でる連日の酒宴で、血管が悲鳴をあげたのであろう。

ハーンの崩御ともなれば、またクリルタイで次期ハーンを選ばねばならない。そこで、すべての侵攻は中止になり、ヨーロッパはモンゴルの支配下に置かれずにすんだのだ。

逆に言えば、ここで黄色人種《モンゴロイド》は白色人種《コーカソイド》を征服する機会も喪《うしな》ったとも言える。それで、現在の欧米中心の世界になったのだ。

オゴデイの後継者はグユクとなるが、正式なハーンとなるまでに五年を費やしている。周囲が納得するまで、それだけの時間を必要としたのだ。

そして、実質的な治世は足掛け三年で頓挫し、次のメンケの即位までも、また三年かかっている。このような空位時代があるのは、内部分裂の兆《きざ》しである。これゆえに、モンゴルの世界制覇はなくなったのである。

モンゴル帝国は、世界制覇の可能性を自ら摘んでしまった。この後モンゴルは、国号を元として中国を支配したものの、結局は萎縮《いしゅく》する運命を辿《たど》った。

朱元璋《しゅげんしょう》父子の徹底的「大粛清」

彼らを長城外へ追いやったのは、明であった。初代皇帝の朱元璋《しゅげんしょう》（洪武帝）は極貧の農民出身で、乞食同然の托鉢《たくはつ》僧になった境遇から身を起こした立志伝中の人物の最たるものだ。紅巾《こうきん》の乱が勃発すると、身を寄せていた皇覚寺が焼け落ちた。仕方なく、彼は紅巾賊の一派郭子興《かくしこう》の軍に身を投じる。そこで頭角を現して郭子興に認められ、彼の養女（後の馬皇后）と夫婦になったとされている。

朱元璋を語る際、占いで「吉」と出たから紅巾の乱に参加したと言われるが、運の強さを強調したかったのであろう。喰うに困ってたまたま身を寄せたとは言いにくかったのが真相だ。

国家の一代目を必要以上に飾ろうとするのは、どの王朝でも同じだ。明もそれに倣《なら》ったに過ぎないが、そこには別の事情があった。それは、明の初代皇帝に納まってからの朱元璋が、あまりにも多くの功臣らを粛清し、庶民を処刑したからだ。

例えば一三七五年には功臣の劉基《りゅうき》と廖永忠《りょうえいちゅう》、五年後には胡惟庸《こいよう》とその一族の大粛清があった。理由は、いずれも謀反の疑いを讒言《ざんげん》されてである。

つまり朱元璋は猜疑心《さいぎしん》が、人一倍強くなっていたのだ。そうかと思えば、皇帝になる過程で芽生えた劣等感を逆撫でされたことによるものもある。

例えば文字《もんじ》の獄と言われる取り締まりでは、「光」、「禿」、「僧」などの文字を使うと、朱元璋がもともと乞食坊主同然だったと揶揄《やゆ》したことになり、「盗」と発音がまったく同じ「道」を使うと盗賊同然の紅巾賊だったことを当て擦ったとされたのだ。

同じ例は、第六章で採りあげた前秦の二代皇帝苻生《ふせい》にもある。彼は眇《すがめ》であったがゆえに、容貌への劣等感から抜け出せず「残」、「偏」、「欠」、「少」などの文字や言葉を使った者まで罪人とした。

これらは無論庶民が対象であるが、文字を使うと罰金どころか処刑されたのだ。何と命の軽かったことかと嘆息するが、このような傾向は現代中国や北朝鮮などの独裁国家をも彷彿《ほうふつ》とさせる。

また最近の中国で、人権派（民主派）の弁護士として名高い王宇《おうう》ら百人ばかりが拘束されたという。容疑は国家転覆罪だとか。いったい何をしたのかというと、正当な裁判を要求するデモを計画しただけだ。

人として当然の権利が保障されないなら、政府の精神年齢は近代以前である。体制側が懸念しているのは、デモを切っ掛けに反政府運動に発展しないかということである。

それはさておき、話を戻すと朱元璋の残忍性は、かくのごとくであった。

このような中で、第九章「良妻型皇后」で述べた馬皇后の「倒福」の逸話が成立したのである。しかし、いかに焼け石に水であったかが、判ろうというものだ。

朱元璋の大粛清の原因は、皇太子に冊立した標《ひょう》が温和な性格だったので、功臣たちに侮《あなど》られるのを懸念したからとも言われる。だが、そこまでの配慮も、一三九二年、標の早世で水泡に帰した。

このとき、朱元璋は有能な四男棣《てい》を冊立できないことを悔しがったという。

代わって皇太子になったのは、標の次男允炆《いんぶん》であった。彼も温和で律儀な性格だった。そこで一三九八年、朱元璋が崩御すると、彼が建文帝《けんぶんてい》として即位する。すると側近の方孝孺《ほうこうじゅ》らは、棣をはじめとした王族の力を削減しようと図った。

それを見越した棣は、いち早く軍を都（南京）へ差し向け、政府軍と交戦しながらついには首都を陥落させた。彼は、当時の儒教の大学者であった方孝孺らに「即位の勅」を書くように命じた。

だが、方孝孺は建文帝の恩義を捨てず、「燕賊簒位《えんぞくさんい》（燕王の棣が、皇帝位を奪った）」と書いた。このため怒った棣は、方孝孺や斉泰《せいたい》、鉄鉉、黄子澄《こうしちょう》らの一族までも処刑した。

特に方孝孺に至っては、親戚縁者だけではなく門下生に至るまで処刑された（滅十族）。このため、当時の読書人の大半が消えた。

中国の処刑は血統に対して徹底的で、対象者の係累のほとんどが、何の罪もないのに禍《わざわい》を受ける。つまり、坊主憎けりゃ袈裟まで憎いで、復讐しそうな者をこの地上から消し去ってしまうのだ。日本なら赤子は罪がないから許してやるところがある。もっとも平清盛は、そのようにして命を永らえた源《みなもとの》頼朝《よりとも》に滅ぼされたのであるが。

さて、方孝孺の文章は、闊達《かったつ》で豪快と評される。「奔流滔々《ほんりゅうとうとう》として、一瀉千里《いっしゃせんり》（一度に大量の水を運んでいくさま）なるがごとし」と。

この形容は、父朱元璋のＤＮＡを色濃く映し出した永楽帝にも通じるのが皮肉だ。

中華思想の驕り

棣は即位して永楽帝《えいらくてい》になると、これまでのどの皇帝も考えすらしなかった破天荒な業績を残している。それは、北方騎馬民族に対して親征したことではない。

鄭和《ていわ》に大船団を率いさせて、インド洋を廻らせたことである。

これは東南アジアやインドだけでなく、アフリカにまで及んでいる。その目的は、自己（明）の悪評を和らげて、諸外国の朝貢を促すためである。このため、船団には景徳鎮《けいとくちん》の白磁がお土産用として大量に積まれ、事実相手に渡っている。

これほど遠くまで船で行けたのは、宋の時代にあった羅針盤が、さらに使いやすいように改良されたからだろう。これは、いわゆる地理上の発見と言われているコロンブスやマゼラン、バスコ・ダ・ガマの、七十年も前のことである。

それならば、鄭和の大船団の派遣をつづけていれば、逆に地理上の発見は中国人によってなされていたはずだ。永楽帝は自身の外国からの心象をよくするため、鄭和に大船団を六度も率いさせた。

それがさらに発展して、印刷術、紙、火薬を巧く持ち込んでいれば、中国は世界中を軍事的にも文化的にも支配できていた可能性があったのだ。

宣徳帝《せんとくてい》（実質的な次期皇帝）は大船団の派遣を受け継いだが、あまり積極的ではなかった。そのため、ここまで発展した遠征は七度目で潰《つい》えてしまった。

その原因は、財政的に逼迫《ひっぱく》し始めていたことに加えて、儒教から来る中華思想ではなかろうか？　中国は世界の中心である。それゆえに、周囲の蛮族は、自発的に貢ぎ物を携えて都の北京へやってくるはずだ。

このような思想が、大船団を無用と判断させたのであろう。次の正統帝《せいとうてい》の代では、大船団の遠征はなくなった。しかしこの皇帝は、永楽帝の北方への親征を模倣したがった。

その結果が一四四九年の土木《どぼく》の変である。明軍がオイラートのエセン汗に敗れて、正統帝が捕虜になった事件だ。

中国が最後に世界制覇をできた機会は、永楽帝と次の治世との狭間《はざま》で、ついに消え去ってしまったのである。

第十三章　聖人君子——大陸に咲いた奇跡の花

大男孔子《こうし》の依怙贔屓《えこひいき》

聖人と言えば、つい孔子を頭に浮かべる。日本にも、東京の御茶ノ水駅近辺に「湯島聖堂」があって、彼を祀《まつ》っているからだろう。また、儒教の概念は、今も我々のモラルとして生きている。

配偶者以外の異性と恋愛関係に陥ったときに、「不倫《ふりん》」などと言う。この倫は「みち」とも読み、要は真っ当な人間として踏み行うべき道徳の意である。

つまり、これも儒教的概念に他ならない。

孔子とは、孔先生といった意味だ。彼の名は丘《きゅう》で字《あざな》（通称）は仲尼《ちゅうじ》（尼山の麓に住む孔家の次男坊）といった。彼の身長は、優に二メートルはあったらしい。

彼は、儒教の大元締めのように言われる。それは必ずしも間違いではないが、儒教の概念は彼個人の発案ではない。周《しゅう》以前の殷《いん》からの儀礼を、体系づけて集大成したのである。

これがこの後、中国から朝鮮半島を経由して日本へ伝わり、いくらかは変化しながらも、いわゆる公序良俗や一般的社会通念となっていくわけだ。

このような秩序をもたらした孔子とは、さぞや堅い人物のように思える。確かに『論語』に出てくる彼は実に聡明で、一見さすがに人の上に立つ器量人の見本のようだ。

だが、必ずしもそうとは言えまい。

彼の弟子への対応を考察すると、そのあたりが垣間見える。その代表格として顔回《がんかい》（字《あざな》は子《し》淵《えん》）と仲由《ちゆうゆう》（字は子路《しろ》）、端木賜《たんぼくし》（字は子貢《しこう》）の三人を挙げてみよう。

以降は、馴染み深い字で表記する。

孔子の弟子は三千人とも言われるが、この三人は「孔門十哲」に数えられる才人である。だが、その中でも特に孔子から目を掛けられたのが、若い美男子の子淵だった。

イエスの十二使徒で言えば、ヨハネに当たろう。師から無条件の愛を与えられる得な存在が、グループには必ずいるものだ。

無論、容貌以外にも師を喜ばせる要素はある。子淵は勉学好きだが出世欲がなく、いつも質素で倹約している。孔子は、子淵のそのような素朴さを好んだとされている。

子路は、腕っ節の強い行動的な男だった。イエスの弟子ならペテロだろう。深く考えるより、先に身体が動くタイプである。彼は思慮が足りぬと、いつも孔子に小言を言われながらも可愛がられた。

憎めぬ男であるため、孔子は子路に衛《えい》国での就職を斡旋《あっせん》している。ここに、孔子の仕事の一端が見えてくる。つまり、数多《あまた》いる弟子たちに、色々と働き場所を紹介することもあったのだ。もっとも孔子自身は、厳格な政策が各国の貴族に敬遠され、なかなか宰相に迎えてくれる君主がいなかった。それゆえ、弟子を引き連れてさまざまな国々を放浪したという記録がある。

ここで活躍したのが、孔子の覚えがあまりめでたくない子貢であった。彼は商才に長《た》けていたので会計係をしていた。イエスの弟子で言えば、ユダに相当するかもしれない。儒教では商業を卑しむ。それは、右の物を左に動かしただけで利潤を稼ぐからだとされている。つまり、農民や工芸職人のような生産性がないとされたのだ。

孔子が子貢を疎《うと》んじたのは、会計係として有能だった証左だ。しかし、弟子への感情としては理不尽である。彼がいないと、放浪していた孔子一行は喰うに困ったはずだ。その面倒を、子貢は神経を細かくして見ていたに違いない。

それにしたところで、どのようにして収入を図っていたのだろう？　これは筆者の想像だが、彼は旅の先々で、現代のカルチャーセンターのようなイベントをしたのではなかろうか。講師は無論のこと、孔子である。

孔子は、各国の貴族には敬遠された。それは、孔子の政策に従えば、既得権を大いに侵害されるからだ。一方で、支配層以外からの知識階級は、彼を受け容れて話を聞きたがったようだ。

だから子貢は講演会を企画し、他の弟子たちに聞き手を集めさせたのだ。当然ながら、そのときには必ず入場料を取ったのだろう。その収入が、一行の旅費や日々の諸経費になったと思われる。

しかし、孔子はそれが気に入らなかったようだ。自分を出汁《だし》にして稼がれているようだからだ。かといって、子貢の商才がなければ、孔子一行は一日たりとも、食事にありつくことすらできなかったろう。

だから、孔子の子貢に対する感情は、一種の逆恨みに映る。

ところで、そうこうするうちに、子淵が病の床に就く。彼は、放浪の旅にあっても大して働かず、ただ孔子のペットのような存在に甘んじていた。

だから、朝食夕餉《ゆうげ》も小食だったのだろう。きっと、それが祟《たた》って長患いになったのだ。彼が養生したのは、孔子の故郷である魯国《ろこく》の都曲阜《きよくふ》（山東省）である。

水も漏らさぬ子貢《しこう》

当時は春秋時代の末期で、呉《ご》と越《えつ》が攻防を繰り返していた。子淵が臥《ふ》せっていた頃は、呉王夫差《ふさ》の「臥薪《がしん》（薪を積んでベッドにし、その痛さゆえに復讐心を培《つちか》うこと）」が成って、呉の勢いが日増しに強くなっていた。

前四八四年、艾陵《がいりょう》の戦いで呉が斉を破ると、その矛先が魯へも向いてくる。そこで、孔子は子貢に無理難題を吹っかけてくる。

「呉のような野蛮な国に、わが祖国魯が蹂躙《じゅうりん》されるのは、御先祖様に申し訳が立たず、思っただけでも不愉快だ。おまえは諸国を駆け巡って王と側近を説き伏せ、呉が戦火を拡げぬようにしなさい」

これは国家間の外交である。普通はこのようなこと、一民間人にできなかろう。まず、話に行ける身分も立場もない。しかし、当時は孔子の高弟と言えば、各国の首脳部は会ってはくれたのかもしれない。

だから、子貢は孔子のネームバリューを巧く使ったようだ。前四八三年、彼は呉王夫差を説き伏せて、魯公と会盟《かいめい》させることに成功している。双方の国家元首が一堂に会して、和平の盟約を交わす儀式である。

これで、呉軍は魯へ侵攻せぬことになり、子貢は孔子の命令を立派に実行したことになる。しかし、孔子は彼を犒《ねぎら》わなかったろう。それは、子貢の努力を無にするごとく、子淵が死んだからだ。

「天は我を滅ぼした」

これが孔子の反応だった。つまり、子淵がいなければ、夜も日も明けないという嘆きようだった。

「こんなことなら、呉が魯を滅ぼしてくれた方がよかった」

そう言っているにも等しい。これではまるで、子貢の努力を無視する態度だ。

「ですが、我らの計画もここで終わりではありませぬ」

子貢が台詞《せりふ》として、そう言ったかどうかは判らない。それでも、子貢の真意は、すでに孔子の志向の外へ出ていた。

彼はさらに堅い不可侵条約を結ばせるため、東奔西走した。そして前四八二年、呉王夫差と魯公だけではなく、周王や晋公も交えた会盟を黄池《こうち》（河南省）で行った。

周王を交えたのは、夫差を覇者《はしゃ》に仕立てるためである。覇者とは、周王を擁護するため天下に号令する実力者の意である。ただ、実際には百年以上も前の理想像で、当時は概念として崩壊しつつあった。

その証拠に、会盟の最中、越王勾践《こうせん》は呉の都姑蘇《こそ》へ大挙侵攻して焼き払った。実は、この手引きも子貢の差し金である。「嘗胆《しょうたん》（苦《にが》い胆《きも》を嘗《な》めて、復讐心を忘れないこと）」して時期を窺《うかが》っていた勾践に、子貢は復讐の機会を提供したのである。

『史記』はこの場面をしっかり記述しているが、一般に「臥薪嘗胆」の故事を解説するとき、子貢の工作を抜いていることが多い。筆者はそれをいつも残念に思っている。

この話の陰の主役は子貢で、彼の機知がなければ、勾践の勝利はありえなかったのだ。ここに、孔子の命令は完全に履行されたことになる。

ところが、子淵を喪った孔子は、もう気力を無くして惚《ぼ》けたのか、それから三年後に卒《そっ》した。もしかすると、子貢の介護を受けていたのかもしれない。

孔子は弟子たちから盛大な葬儀をされただろう。それでも、儒教で説くところの「三年の喪」に服したのは、子貢独りだけだった。『史記』はそう伝えている。

だが、そこをもう一歩踏み込んで考えてみたい。他の数多いる弟子どもは、それほど薄情な連中ばかりが揃っていたのかと、筆者だけでなくどなたも疑問を感じよう。

無論、理由は他にも幾つか考えられる。

まず、子貢がここまで成果を上げても孔子が意地になって彼を認めなかったため、子貢が浮いた存在になって、誰も右に倣《なら》わなかったのではないか。いや、誰もが彼の才覚に恐れをなして、子貢に近づくことをためらったとも思えよう。

いや、一番現実的な見方は、喪に服することを敬遠したからだろう。

喪に服するとは、墓の近くに掘っ立て小屋を建て、墓守をして過ごすことである。他人との交際も絶ち、質素倹約を旨として墓番に徹する生活だ。

これにはかなりの精神力は無論のこと、経済力も要ったのだ。そうなると、利に聡《さと》く蓄えのあった子貢ぐらいしか、三年も仕事をせずに、墓番をするなどという離れ業はできなかったろう。そう考えるのが自然である。

だが、話はここで終わらない。

「師よ。あなたは、子淵の無欲や質素倹約を愛されたが、健康を損《そこ》ねては何にもなりますまい。子路のごとく腕力に覚えがあっても、勝てない戦いで命を粗末にしては、結局犬死にでございます。貴方《あなた》は私を疎《うと》んじなさいましたが、そんな私しか喪には服しておりませぬぞ。他の弟子どもは、病状篤い金持の門前に屯《たむろ》して、葬式の準備に余念がない現実を、いかに思《おぼ》し召しますす？」

子貢は服喪しながら、このように孔子へ問いかけ、結論づけていたことだろう。そして三年の喪が明けた後、商売に励んで歴史に残る大金持ちになったという。

彼がどのような事業をしたか、記録にはないが、筆者は『論語』ではないかと思っている。彼は孔子に旅の先々で講演をさせ、その内容をちゃっかり記録していたに違いない。

多くの聴衆がいるのなら、読書する者たちもいたはずだ。それゆえにオリジナルを作り上げ、文字の判る者に筆写させて、どんどん副本を作っていったと推察できる。

これこそ、依怙贔屓《えこひいき》ばかりしていた師に疎んじられた弟子の、痛快な復讐劇だったに違いない。つまり、孔門随一の才覚を示したのは、子貢だったということである。

筆者は、彼も中国史上における快男児の一人であると思っている。

利用された聖人君子・楊震《ようしん》

「天知る。地知る。己《おのれ》知る」

他人がいないから誤魔化すことを戒めた標語を、筆者は子供の頃から何度も聞いた。この原典が、楊震《ようしん》の故事にあった。

この人物は、後漢《ごかん》の清廉な政治家として有名である。先祖には楊惲《ようらん》がいるが、彼は司馬遷の外孫に当たる。

楊惲が、荒れ果てた祖父の旧宅を訪ねて、膨大な量の竹簡を見つけている。それこそが『史記』である。彼が見つけなかったなら、世界的名著がそのまま朽ち果てるところだったのだ。

発見した彼も立派だが、報告を受けて自らそれを検分して値打ちが判った前漢の宣帝《せんてい》（劉病《りゅうへい》已《い》）も非凡な知識人であったと言える。

楊惲は官僚組織の無駄を省き、貧窮した役人が働きやすいよう制度の改革を図った。だが、その潔癖さゆえに既得権を喪った政敵から恨まれた。そして陥《おとしい》れられ、ついには不敬罪の罪で処刑された。

楊震も、同じ血を受け継いだわけだ。

彼が東萊郡《とうらい》太守《たいしゅ》（知事に当たる）の命を受けて赴任する途中で、昔世話した王密が挨拶にやってくる。そして、かつての礼だとして金子を差し出す。

件《くだん》の標語は、ここで受け取り拒否のために使われたのだ。

「誰にも判らぬことですから、堅いことは言いっこなしですよ」

そのように言う王密に対して、楊震は左記のような台詞で断ったのである。

「天帝も土地神も、私も貴方も知っているではありませぬか！」

これを「震畏四知《しんいしち》」ともいう。

ただ、このような人物ゆえに敵が多くなった。時の安帝《あんてい》（劉祜《りゅうこ》）からも疎んじられていた。

それゆえ、彼は讒言《ざんげん》に次ぐ讒言に遭い、ついには毒を仰いで世を去ることになる。

彼の嫡子楊秉《ようへい》も、堅いことでは父親以上の人物だった。

金銭、色香、酒精の誘惑で、幾人もが堕落没落していく過程を見聞きしてきたろう。それゆえ彼は、それらを絶つと宣言して実行してきた。この楊秉の態度を、「秉去三惑《へいきょさんわく》」と言い慣わしている。

彼ら親子は、古代から現在に至るもなお賄賂《わいろ》天国の中国において、希有《けう》な存在である。聖人君子とまで言わなくとも、いわゆる石部金吉《いしべきんきち》の類いとなろう。

最近の中国では習近平が汚職を厳しく取り締まっている。すると、中国の役人は仕事をせず国政が滞りがちになっている。これは役人にとって労働とは賄賂を貰うことだとのブラックジョークだが、それこそ実態だとの指摘もあるぐらいだ。

後年、楊震と楊秉父子に目を付けた意外な大物がいる。それは隋《ずい》の文帝（楊堅《ようけん》）だ。彼は南北朝時代を統一した功労者であり、暴君として悪名高い煬帝《ようだい》（楊広《ようこう》）の父親でもある。

日本の天皇には苗字はない。それは、家臣が朝廷から賜るものであるからだ。一方、中国の皇帝には姓がある。

漢は劉氏で魏《ぎ》は曹《そう》氏、晋《しん》は司馬《しば》氏となり、隋は右記のごとく楊氏である。そして当時は血統を遡ると、後漢の楊震に辿り着くと説明されている。

無論、真っ赤な嘘だ。

南北朝時代の北朝は、遊牧騎馬民族の鮮卑《せんぴ》が支配していた。彼ら遊牧民族は征服民族であるにもかかわらず、被征服民族（漢族）の文化を取り入れた。

それは、農耕を支配して維持管理するのに有効だからだ。都も北方から南の洛陽へ移すとだんだん漢民族化していき、ついに血統まで漢民族のものにしたがったのだ。

隋の苗字は、もともと普六茹《ふりくじょ》といった。これはモンゴル高原の言葉ブルスカンが訛《なま》ったものと言われる。意味はヤナギの一種だというので、同じ意味の「楊」を当てたのである。そのうえで、祖先として相応《ふさわ》しい楊氏を探したのであろう。

白羽の矢を立てられたのが、清廉潔白で名高い楊震と楊秉の楊氏である。当然ながら家系図が作られ、歪曲《わいきょく》した図面が引かれたことは間違いない。

しかし、皇帝の血脈につなげられて、楊震や楊秉は手放しで喜んだであろうか？　普通に考えれば、迷惑千万な話だ。

「天知る。地知る。汝《なんじ》知る。己知る！」

きっと、こう切り返したろう。

品行方正が高じて皇帝に疎んじられた彼らは、今度は、それゆえに皇帝に再利用された格好になったようだ。

本来ならば同時代の為政者が綱紀《こうき》粛正《しゅくせい》の鑑《かがみ》とすべき人物だが、民衆へ勧める権力者自らが生きた手本を前にして実践せねばならなくなる。そのようになると、禁欲生活を強いられた格好になりかえって面倒だ。

だから、時代が降って伝説化してから神輿《みこし》に担ぐほうが都合がいいのである。

孟宗竹《もうそうちく》の由来となった孟宗

『二十四孝』というのは、親孝行な人物二十四人を、人々の行動の模範として採りあげた短篇集である。編纂《へんさん》された当時、彼らはミニ聖人君子として扱われたのであろう。

親孝行の逸話であるから、儒教思想のはずだ。しかし、田真《でんしん》兄弟の逸話では財産分けのため樹木を三等分しようと考えた途端に、それが枯れそうになり、やめようと言えばまた茂りだしたといったような、道家思想の影響を受けたものが随所に見られる。

また、呉猛《ごもう》は裸になって母の代わりに蚊に刺され、王祥《おうしょう》も真冬に身体を張って氷を融《と》かし、母のために魚を獲《え》る。郭巨《かくきょ》にいたっては、母に食い扶持《ぶち》を残すため、口減らしのため我が子を穴埋めにしようとする始末だ。

これも、天帝の慈悲で事なきをえるなどとしている。まさに儒教&道教ミックスのオンパレードである。

ここで筆者が採りあげたいのは、呉の孟宗《もうそう》に関する逸話である。彼の生年はまったく判らないが、おそらく二二〇年頃であろう。つまり、孫権の世である。

彼は貧しい家の少年であったが、南陽の李粛のもとで苦学した。その後、左将軍朱拠《しゅきょ》に仕えることができた。

それでも、借家の雨漏りを母に詫びて泣いたり、管理を任された池の魚を捕らえて母親に食べさせようとする。そして、そのたびに母親から叱咤《しった》されている。

雨漏りなど、我慢すればすむこと。また、魚は公の物ゆえ、それを獲《と》っては孝行どころか、罷免の対象になってかえって親不孝になると言われる始末だった。

ところが年を経て、その母が真冬に筍《たけのこ》を食べたいと言いだした。そうなると孟宗は竹藪へ行かざるをえない。この後は、天帝のお蔭で筍を手に入れることになる。

その竹が、後日孟宗竹《もうそうちく》と名付けられた。

天帝の件《くだり》はフィクションと言えばそれまでだが、このようすは、真冬に川魚を食べたいと言った王祥の母に似ている。つまりこの時点で、母たちは認知症を患《わずら》っていたのだ。

その容態を、孟宗も王祥も病状とは知らずに、ただただ親の希望を叶えねばならぬと思ったのである。悪い言い方をすれば、惚《ぼ》け老人に体よく振り回されたのだ。

近代以前は、そんなことが親孝行と言われたのだ。これは中国だけではなく、我が国も儒教文化の影響を受けているから似たり寄ったりだったと言えよう。

その後、孟宗は呉県（江蘇省）令になったが、孫権の命で、家族が他界しても、後任が来るまで服喪は禁止されていた。破れば処刑になる。そんなおり孟宗の母が亡くなった。

彼の性格からすれば、後任が着任するまで待っていられるはずがない。だから県令の地位を捨て、すぐに葬儀を行って喪に服し始めた。

このため捕らえられ、処刑されそうになったが、孟宗の人柄をよく理解していた丞相《じょうしょう》（総理大臣）陸遜《りくそん》の取りなしで、ようやく罪一等が減じられた。

孫権の崩御後、新皇帝（孫亮《そんりょう》）の即位があった。それゆえの特赦《とくしゃ》があったのだろう。孟宗は官職に復帰できた。

だが、その後の呉は諸格葛《しょかくかつ》や孫俊《そんしゅん》、孫綝《そんりん》が皇帝に代わって権力を私した。それでも、孫亮に代わって即位した孫休が孫綝を処刑して、ようやく希望が見えた。

これらの事件に関して、孟宗は至近距離で目撃していたことになる。それでも、巻き込まれなかった。彼は呉政権の大臣の一人だったが、二六四年に孫休が崩御する。

新たに皇帝となったのは、第六章「廃位」でも触れた孫皓《そんこう》なる人物だった。孟宗はその政権下で大臣を歴任した。しかし、孫皓は初めこそ善政を敷いたものの、だんだんと暴君と化していく。

孟宗は二七一年に卒した。

その後の孫晧は、何人もの宮女を面白半分に殺すような暴虐を繰り返した。それは顔の皮や生爪を剥がすといった、筆舌に尽くしがたい仕打ちだったという。

それゆえ、孟宗はそれを目にしなくてもよかっただけ、幸せだったのかもしれない。

第十四章　愛欲背徳——王朝の最後に必ず現れる暗愚王

兄妹の相関図

前六九四年、魯公《ろこう》（桓公）は、斉《せい》の都臨淄《りんし》を訪れていた。后《きさき》の姜文姜《きょうぶんきょう》の里帰りに同行したのである。

斉は太公望《たいこうぼう》（姜子牙《きょうしが》）が周王から賜った国である。一方の魯は、周公旦《しゅうこうたん》が封じられた国で、周王の血統になる。それゆえ斉国とは、江戸時代の親藩《しんぱん》大名と譜代《ふだい》のような、厳然とした格式の違いがあった。

君主の敬称にも魯は公であるが、斉は侯となってランクが下とされる。だが、それは都がまだ、関中《かんちゅう》（陝西《せんせい》省の渭水《いすい》盆地）にあった頃までの話だ。

前八世紀の初め、周の幽王《ゆうおう》が笑わぬ美女褒姒《ほうじ》の関心を買おうと、驪山《りざん》から狼煙《のろし》を連日上げる愚行を重ねていた。

この件は、第一章「酒池肉林」で触れたので、重ねての描写を避けよう。とにかく、前七七一年、異民族犬戎《けんじゅう》に追われて、周王朝は洛陽へ遷都した。

それ以降の周は、いわば権威の象徴と化していく。つまり実質面は、周の制度を崩していくことになる。

一例を挙げれば、公と侯の厳格さが取れていったことで、いつの間にか斉も公を使い出していた。いや、魯公である自分が、妻の里帰りに同行していることこそが、周の威厳が凋《しぼ》みつつあることの一端だった。

魯公は、斉の宮殿の回廊を歩いてみた。元首同士の付き合いの範囲内であるから、付き従う護衛はいない。だから、彼の行動をとやかく注意されない。

彼は、柱や欄干《らんかん》の飾り付けも眺めた。精巧な彫刻の仕上げは、魯の物より秀でていた。しかも、それだけではない。

じっくり眺めてみると、車馬も兵士の武器や鎧《よろい》にいたる出で立ちまで、魯より斉の方が格段に優れた物を使っている。それは昨日、彼をもてなすための、狩りを催してくれたことで判っていた。

盛大な晩餐《ばんさん》の宴を張るため、獲物を料理するのであるが、一方で軍事訓練も兼ねているのが国家元首の主催する狩りだ。

こちらは、これほどの勢力で作戦を展開する用意がある。それを、じっくり相手に見せつけるのだ。戦車隊や歩兵軍の行動を見ていれば、それは如実に判る。

魯公は今頃になって、斉と魯の立場が逆転していることを思い知った。彼は打ちのめされたような気持でさらに奥へと歩いてみた。多くの部屋があり、それらの窓枠も扉も材料、装飾とも質と技術が高かった。

彼がさらに奥の部屋へ近づいたとき、扉を透かして奇妙な女の声が聞こえてくる。

「このまま、曲阜《きょくふ》に帰るのでしょうか？」

曲阜とは、魯の都である。

「そりゃ、そうせねばなるまい。おまえも、嫁御だからな」

「もう、いやです。あんな男と暮らすのは」

「まあ、そう言うな。魯は周宗室の親戚だ。表向き身分は上だから、上位の公として立ててやらにゃならんからな」

「あら、そうなの～ぉ？」

甘えたように言っているのは、間違いなく我が妻姜文姜である。今思えば、昨日の晩餐から、ずっと彼女の姿を見ていない。

だとすれば、昨夜からここにいたことになる。それに、先ほどの「あんな男」とは、魯公自身のことに他ならない。彼は、はっとして耳を欹《そばだ》てる。

「まあ、たまに逢うのも、気持が燃えていいものではないか」

「そう言えば、……そうね。……あああぁ」

姜文姜の声が一瞬途切れて、あとは喘《あえ》ぎ声のようになっていく。これは、兄と妹が久闊《きゅうかつ》を叙《じょ》する挨拶とは言いがたい。

魯公は、思わず顔を扉に近づけた。すると鍵が掛かっていなかったとみえ、扉が音もなく開く。その向こうには衝立《ついたて》が置かれ薄い帳《とばり》が降りていた。

魯公には影しか見えなかったが、明らかに男女が絡み合っていた。そして、扉が開いたせいで風が帳を靡《なび》かせた。絹製のそれは、男の顔を撫でる。

そして、男は扉へ視線を向けた。明らかに斉公であった。

「誰か！」

鋭い声が、矢を射かけられたごとく魯公に向かってきた。それゆえ彼は咄嗟《とっさ》に身を翻《ひるがえ》して、来た廊下を足早に戻りだした。

なぜか、だんだん息切れがする。

それは、足の回転がいつもより速かったからだ。斉公と姜文姜の兄妹が肌を寄せ合う現場から、今は少しでも遠くへ身を置きたかったのだ。

いや、斉公に、禁忌の行為を覗《のぞ》き見したことを、お互いのため悟られたくなかったという、奇妙な気遣いでもあろう。魯公は回廊に角を見つけ、急いで曲がった。なんとか、斉公の目に姿を晒《さら》さずにすんだと思えた。

ところがその途端、壁のように塞がっていた誰かに強くぶつかってしまった。

「これは魯公。御無礼を！」

相手は身分を弁《わきま》えていたのか、謝ってくれた。だが、意外にも大きな声であった。

「いや、寡人がしっかり前を見ておらなんだのが悪いのだ。許せ」

「いえ、いえ、魯公。我が道を空けずに御無礼を働いたのです。どうぞ、御存分に！」

大声を出して平伏している男は、まるで力士のような体格だった。斉公の一族に、姜彭生《きょうほうせい》なる怪力の公子がいるとは聞いていた。彼が、まさにその男らしい。

「お詫《わ》びの徴《しるし》に、一献《いっこん》差し上げたい」

大柄な男が平身低頭し、魯公の手を取るようにして、どこかの小部屋へ連れて行こうとする。そして彼は、通りかかった宦官《かんがん》に酒肴《しゅこう》の用意をするよう言いつける。

魯公は怒りと呆れに塗《まみ》れた自尊心を持ちあげられ、もう、何が何だかさっぱり判らなくなった。先ほど斉公の部屋で見たのは、妻に似た斉公の姫妾《きしょう》なのだと、思うようになった。

「さて、曲阜からはるばる御苦労でございます。お近づきを祝して、さあ」

姜彭生は、魯公に酒を注ぎだす。それは一杯ではすまず、二杯三杯とどんどん足されていく。酔いが進み、視界にある姜彭生の形が崩れていくようだった。

そして、ふと気がつくと、傍に二人の人物が加わっている。

「ようやく目を覚まされましたか、公？　このような所におわして。わらわは、随分と探しましたぞえ」

それは、后の姜文姜だった。

「彭生と飲んでおられたのか？　きっと、おまえが我らと忌憚《きたん》なく話できるよう、気を利かせて下さったのだ。ありがたい」

斉公の声もした。兄と妹は、家族水入らずで昔を懐かしんでいたらしい。そうと判ると、魯公は胸の支《つか》えが降りたようだった。すべては、悪夢のせいだったのだ。

魯公は、ほっとしていた。

その夜も盛大な晩餐会で、魯公はしこたま酔い潰れた。

そして翌朝、いよいよ帰る段になっても、魯公は宿酔《ふつかよ》いで頭が重かった。もう、昨晩のことなどはさっぱり覚えていない。彼は這うようにして馬車へと乗り込んだ。

車箱の周囲には被《おお》いがあって、斉の要人はおろか、魯公の従者にも中は見えない。后の姜文姜も、侍女と女性用の容車に乗るので、魯公には関知していない。

「途中まで、お送りいたします」

魯公の傍に、昨日歓待してくれた姜彭生が座った。いわゆる護衛である。

「礼儀正しい魯とは違いまして、斉には奇妙な風習がございましてな」

姜彭生は魯公に顔を近づけて、小声で言った。その表情は、いやににやついている。

「はて、そのような話は、未だ后《きさき》から聞かなかったがなあ」

「まあ、そうでしょう。婦人は口にしづらいことでございますから」

姜彭生は、もってまわった言い方をする。

「女の口からとは……？」

魯公の疑問をさらに嗤《わら》うごとく、筋骨隆々とした男は身体を寄せてくる。

「久しぶりに逢った兄と妹は、恋人のごとく見えるものです」

「ふむ、そんなこともあろうかな」

魯公は、それが夢に現れたと思った。

「そして感極まると、一糸まとわず肌を交わすのでございます」

そこまで言われて、ようやく魯公は酔いが醒《さ》める思いがした。やはり、あれは現実のことであったのだと判った。

だが、なぜ、それを彼がわざわざ知らしめるのか判らなかった。そうか、斉公は、誰かに覗き見られたと悟ったが、それが誰だか判らず後を追ったのだ。

しかし、衣をまとっている間に角を曲がられた。見た者は、そこでたまたま壁のような姜彭生に出会《でくわ》した。彼が「魯公！」と叫んだので、斉公に特定されたようだ。それにしても、それを姜彭生が自分に伝える真意を訝《いぶか》りながら、一人合点もした。

「魯に帰ってから、后を叱るなということでしょうか？」

こうなれば、姜文姜を斉への盾と考え、他の姫妾を相手にするまでだ。

「ふふ、そう思われますか？」

姜彭生の言い方が、昨日とは打って変わって横柄に聞こえた。しかも、気がつくとかなり狎《な》れ狎《な》れしく身体を擦り寄せてきている。姜彭生は斉の王族であり、魯公に直接話しかけるのは無礼ではない。かといって、ここまで接近されるのは尋常ではない。

これは、どういうわけだろう？

魯公がそのように思ったとき、姜彭生の両腕が身体に巻き付くように回された。そのまま、抱《だ》き竦《すく》めるように拉《ひし》がれる。

「こつ、これ。このような……」

魯公は、姜彭生の戯《たわむ》れが過ぎると思った。そして、それは執拗で息苦しくなる。

「これ、離さぬか。くっ、苦しいでは……ないか……」

それでも、力士並みと言われる姜彭生の力は、決して弛《ゆる》められなかった。もう、彼が魯公を抱いているのは、愛《いと》おしいからでないことぐらい判る。

「はっ、離せ！」

魯公は必死に藻掻《もが》こうとしたが、両腕をも含めて姜彭生の太い腕が巻き付いている。それも、押さえつけられて痛みが走る。そんなこと以上に、もう息が充分できない。息を吸っても肋骨《ろっこつ》が肺を押し潰そうとしているからだ。

魯公の顔が紅潮し、ある一定の時間を過ぎると表情に力がなくなった。もう完全に拉殺《ろうさつ》されている。姜彭生が腕の力を弛《ゆる》めると、魯公は車箱の底へ頽《くずお》れた。

そうして、持ってきた瓶子《へいし》の栓を抜いた。

「それでは、お酒が過ぎます」

姜彭生はそう言いながら、瓶子を横にして魯公の遺体に浴びせた。つまり、へべれけに酔って寝こんだような状況を作ったのだ。そして、国境近くなると、見送りを終わるとして馬車から降りた。

後は、行列の後から護衛かたがた付き添ってきた戦車に乗せて貰って退《ひ》き返すだけだ。

「魯公后。お気を付けてお帰り下さい。国境からは、先に行きませぬゆえ、これにて」

姜彭生の挨拶が何を意味しているのか、無論のこと姜文姜は知っていた。

愛欲と殺戮と

南北朝の北朝が、遊牧騎馬民族鮮卑《せんぴ》の打ち建てた国家であることは、前章でも述べた。そして、何かにつけて漢民族の血筋を言い立てるのも、征服民族であるにもかかわらず、彼らの漢族に対するコンプレックスを浮き彫りにしている。

北朝は北魏《ほくぎ》なる国家が四三九年から百年足らずつづくが、五三四年に東西に分裂する。西魏は北周に取って代わられ、そこから隋が台頭することになる。一方の東魏は北斉に政権を明け渡す。

ここで帝位に即くのが高氏だが、鮮卑族出身の彼らも高句麗《こうくり》の高氏の血筋だと言い張った。だが、すぐにお里が知れてしまう。それは遊牧民族特有のレビレイト婚が、特に激しく表れたからだ。

北斉の創始者は高洋《こうよう》（文宣帝《ぶんせんてい》）である。彼の逸話で有名なのは「快刀乱麻《かいとうらんま》を断つ（難題を美事に解決すること）」の故事である。父高歓《こうかん》から「絡まった麻糸を解け！」と言われると、皆が結び目を弄《いじ》って四苦八苦している最中、彼だけが剣で麻を断ち切ったというものだ。

このとき父に激賞され、兄の高澄《こうちょう》と弟の高湛《こうたん》の双方から逆恨みされたらしい。

高洋が父高歓の軍事行動に従軍したとき、高澄はたまたま擦れ違った弟の姫妾に、冗談半分で声をかけた。

「そなたは、われら（鮮卑族）の風習を知っておるか？」

突然質問されて、彼女は何をどう応えていいのか判らなかった。

「はい、それは……」

「知らなければ教えてやろう。弟が戦死したときには、財産は兄が引き継ぐのだ。それは姫妾も例外ではない」

そういわれた高洋の姫妾は、てっきり主人の身に不幸があったものと勘違いして、そのまま高澄に付いていって彼の姫妾になってしまった。

その後、高澄は晋陽《しんよう》（山西省太原）に駐屯し、高洋は鄴《ぎょう》に拠《よ》った。そのため高洋は、彼女が事情で暇を取ったと思っていた。

だが、五四七年に父の高歓が卒し、翌々年には兄高澄が蘭京《らんきょう》に暗殺される。そうなると、俄然高洋の力が強くなり、五五〇年には北斉の初代皇帝（文宣帝）の位に即《つ》いた。

こうして兄高澄の後庭を、自らの後宮に吸収した。このとき、初めて自分の姫妾がその中に居ると知った。

「兄者は、まるで泥棒猫だ。だが、朕は堂々と兄者に復讐しよう」

高洋はそう言うと、高澄の正妻を毎晩組み敷いた。その行為に世間は眉をひそめるものの、一方で彼は善政を敷いて民を喜ばせた。無駄な官僚を削減したり、兵を強くして、農業や塩鉄業、窯業《ようぎょう》も盛んにして経済を立て直した。

つまり、富国強兵政策を断行したのだ。

だが、東魏の皇帝を無慈悲に処刑したり、その一族を皆殺しにもした。いや、それだけではなく、だんだん酒色に溺れるようになって、暴君の側面が濃厚になっていく。

例えば、薛《せつ》氏の姉妹をむりやり後宮へ入れたが、恨まれているのではないかと疑い、結局二人を処刑している。それから、長い鋸《のこぎり》を処刑用に用意したという。

後は、酔うたびに誰かを処刑したらしい。そのため家臣は、処刑用の牢屋を庭に設置した。中には、死刑を宣告された囚人が入れられていたが、三カ月実行されないでいると、彼らは釈放された。

また、僕射《ぼくや》（総務大臣）の崔進《さいしん》が卒したときには、寵臣《ちようしん》ゆえに深い悲しみに襲われたらしい。そして、彼の妻に悲しいかと問う。

「はい、離れて暮らす辛さが身に沁《し》みます」

「では、側へと送ってやろうか」

その言葉に彼女がはっとして仰ぐと、高洋の振り上げた剣が、彼女を襲った。

彼が行った最大の暴虐は、皇太子（高殷《こういん》）に対してであった。

泥酔した高洋は、彼に罪人を斬殺するよう命じた。しかし、皇太子は聡明で漢籍の学問に通じた文人であった。だから、父親の命に従わなかった。すると高洋は、皇太子を執拗に鞭打った。ために皇太子は精神に異常を来した。

このような暴虐と飲酒、房事を連日繰り返していたため、高洋は五五九年に崩じた。享年は三四である。

次には、皇太子が即位するが、父親から廃人同然にされていて政《まつりごと》が適わず、叔父（高歓の六男＝孝昭帝《こうしょうてい》）高演《こうえん》に暗殺されて位を奪われる。

だが、その孝昭帝も一年で崩じる。

おりよく帝位が転がり込んだのは、その弟（高歓の九男）高湛《こうたん》（武成帝《ぶせいてい》）である。彼は兄たちの所業をじっくり観察していたことだろう。

彼は高殷の側近と確執があったため、孝昭帝の即位に協力した。それゆえ、死の床についた孝昭帝から位を譲られたらしい。

高湛が最初に真似たのは、兄高洋の后（李氏）を後宮へ入れることだった。無論、否も応もない。

毎晩李氏を凌辱しつづけると、彼女は懐妊して女児を産んだ。

「これでは、長男（高殷）や次男（高紹徳《こうしょうとく》）らに申し訳がたちませぬ」

彼女はこう言うと、産んだ女児を始末してしまった。それを知った高湛が怒り、高紹徳を処刑したうえ、李氏も素っ裸にして鞭打ったと記録されている。

挙句李氏は髪を剃《そ》られて、寺へ放り込まれた。この兄弟のそれぞれの仕打ちは、もう鮮卑族やレビレイト婚の範疇《はんちゅう》を超えた凄まじさが窺《うかが》える。

彼の事跡も暴君的な所業だけで、特筆すべき成果はない。四年で皇帝の位を長男の高緯《こうい》に与え、自らは太上皇帝として隠居した。

無能であるから、これでいいようなものだが、高緯はそこへさらに輪を掛けたような存在だった。つまり、無能を越えて暗愚というに等しかった。

このような皇帝に付き物なのは、権力を喰い物にする奸臣《かんしん》である。彼らは、高長恭《こうちょうきょう》（蘭陵《らんりょう》王《おう》）や斛律光《こくりつこう》といった賢臣を陥れる術だけには、なぜか長《た》けていた。

国を本気で憂《うれ》う臣下が処刑されれば、もう北斉の命脈は尽きたも同然である。

「なぜ、このような面白きことを、今まで黙っておった？」

高緯が嗤《わら》いながら非難したのは、その地方王がよくすることらしい。裸にした罪人を、蠍《さそり》の蔓延《はびこ》る穴に突き落とすということだ。

地方王は、蠍に刺された者の藻掻《もが》き苦しむさまが、実に楽しいと語っていた。

聞いた高緯は、それを早速実行に移していた。ただ、彼の初めの頃は、軍事的にも高洋の遺産があった。だから北周と戦っても、平陽を陥落させる程度の力があったのだ。

「落城させるところを、私も見てみとうございます」

愛妾に甘えられ、平陽を落とす寸前であったにもかかわらず、高緯は攻撃を一端中止させた。そして、わざわざ彼女を戦いの現場へ連れて行ったのだ。

ところが、愛妾の化粧があまりにも長く、その間を利用して北周は体勢を立て直した。これでは敵城の陥落は覚束《おぼつか》ず、かえって退却せねばならぬ羽目になった。

王朝の最後には、なぜかこのような暗愚で無知蒙昧《むちもうまい》を絵にしたような人物が出現する。秦の胡亥《こがい》や蜀の劉禅《りゅうぜん》、呉の孫皓《そんこう》、陳の陳叔宝《ちんしゅくほう》などがそれに当たろう。

それは、歴史の必然として存在するのであろうか？

第十五章　無勢が多勢を――烏合の衆と化す中国の病巣

項羽《こうう》と劉邦《りゅうほう》、彭城《ほうじょう》の戦い

戦いは兵力の強い方が勝る。

しかし、ときとして大軍ゆえにそれが弱点となって、日本での桶狭間《おけはざま》のごとく、かえって無《ぶ》勢《ぜい》に喰われることもある。

中国における右のような例を、これから挙げてみよう。

秦の末期、始皇帝が崩じると、圧政への不満が一挙に爆発した。そこで反対勢力は、戦国時代の楚の末裔を義帝《ぎてい》として錦《にしき》の御旗に立てた。つまり、反秦運動の象徴として乱の方向付けをしたのだ。

義帝のもと、都の咸陽《かんよう》を陥落させるべく、項羽と劉邦が、黄河の北部と南部を別々に侵攻していった。この進撃を通じて、項羽が一番強大な軍事力を付けて成長した。項羽軍はそれを背景として、秦滅亡後の咸陽の宮殿にあった金銀財宝や美女を、すべて略奪して宮殿を焼き払ってしまった。

これだけでも、ここまで同志だった武将たちの反感を買ったことだろう。そのうえで前二〇六年、中華を十八国に分割する指揮まで取った。この結果、劉邦は漢の地へ追いやられたのである。それは、長安から秦嶺《しんれい》山脈の蜀の桟道《さんどう》を越えていく、現在の四川省北方で漢水の上流にあたる。これが「漢」なる国名の謂《い》われである。だが、無論それを喜んでいたわけではない。いや、僻地《へきち》に甘んじて雌伏《しふく》したのだ。

ここで、劉邦の隠忍自重《いんにんじちょう》がしばらくつづくが、翌前二〇五年に項羽が義帝を暗殺したのを理由として、漢の地から項羽が拠《よ》る西楚《せいそ》の都彭城《ほうじょう》へ向けて、不満を託《かこ》っていた諸王を味方に引き込んで反旗を翻《ひるがえ》して進撃を開始したのである。

項羽に弓引いたのは、漢を中心に集まってきた諸王だけではなく、東方の斉における田栄《でんえい》などもいた。その斉へ、項羽は討伐の兵を出した。しかし、簡単に平定できず、時間をかけてしまった。したがって彭城は、主が留守のまま空き家も同然になっていた。

劉邦はそこを狙って、五十六万に膨れあがった軍を投入した。こちらは多勢が無勢を簡単に蹴散らして、楽々と彭城へ侵入できたのだった。

こうなると、項羽が咸陽から持ち出した金銀財宝や美女たちも取り戻すことになる。そこで、勝戦を祝う酒宴となった。それが、連日繰り返されることになる。

空き巣を狙われたも同然の項羽は、知らせを聞きつけて烈火のごとく怒った。そして、精鋭三万の手勢を率いて、彭城の西側にある粛《しゅく》に拠点を置いた。劉邦軍は多勢に奢《おご》って斥候《せっこう》を立てることもなく、夜も飲みつづけている。今、項羽が不意を突いても、まだ起きている兵どももいるから、三万で五十六万を討つのは難しい。

そこで、項羽は明け方を待った。

五十六万もの兵どもが酒に酔って寝てしまうのは、今にも太陽が昇ろうという頃だった。項羽はここぞとばかり電光石火、三万騎で彭城へ雪崩《なだ》れ込んだ。寝込みを襲われた劉邦の漢軍は、起きた途端に首を刎《は》ねられたり突き殺されたり、蹄《ひづめ》に掛けられる者が続出した。他の兵どもはまだ寝惚《ねぼ》け眼《まなこ》だったが、何事が起こっているのか判らないでいる。

怒声や罵声、断末魔の悲鳴で、ようやく項羽軍が反撃に出てきたことぐらいは理解したろう。だが、敵勢が何人で攻撃規模がどの程度なのかは、さっぱり摑《つか》めないのである。

それでも、味方（漢軍）が劣勢であることぐらいは感じ取れる。

こうなると、撃って出るより逃げることに心が動く。このような気持は、その場にいる者どもへ即座に伝染していく。

「項羽が、大軍で押し寄せてきた！」

誰かが恐怖心に駆られて叫ぶと、もう収拾がつかなくなる。まさに「一犬虚《いっけんきょ》に吠《ほ》ゆれば、万《ばん》犬実《けんじつ》に伝《つた》ふ」である。

劉邦を中心とした漢軍には、もう戦う気持や気力など吹っ飛んで、退却や逃亡しか念頭になくなる。彭城の中だけでも、一時間程度の間に数万人の死者が出る。

項羽軍が追っ手の雄叫《おたけ》びを上げるのに対して、漢軍には悲鳴しか聞こえない。城内を抜け出た者は、本能的に敵が攻撃をかけてきた方向とは逆に逃走する。

そこには睢水《すいすい》があり、渡ろうとして溺れた者が数知れず、河を背に奮戦した者も次々に水に落とされた。幾つもの死体が杭に引っかかり、それがさらに次の死体を絡めて、ついには河の水を堰《せ》き止めるまで累々たるものになったという。

おそらくは、五十六万もの軍勢の三分の一近くが、城内から睢水までの途中と河の中で死んだと推定される。

ここまでを彭城の戦いと呼び、劉邦の恥辱に塗れた一番の汚点（失態）となった。

劉邦自身は辛《から》くも死地を脱したが、彼の父親や妻の呂雉《りょち》（後の呂后《りょこう》）らは項羽軍に捕らえられている。

そんなこととは露知らぬ劉邦は、夏侯嬰《かこうえい》が馭者を務めた馬車で、項羽軍の追っ手がかからぬ所を目指していた。途中、長男（劉盈《りゅうえい》＝後の恵帝《けいてい》）や長女（後の魯元公主《ろげんこうしゅ》）が同乗していたのを、「おまえらがいるから馬車が速く走れぬ」と詰《なじ》り、二度も突き落として、夏侯嬰に強く窘《たしな》められている。これは、これまでの章で何度か述べたとおりである。

このような姿は、後の皇帝に似つかわしくないが、司馬遷は『史記』の「項羽本紀」に書き残している。これも、多勢であったにもかかわらず、無勢に敗れた精神の乱れが生み出した結果だろう。

光武帝、昆陽の戦い

次の話は、劉邦から二百年後の末裔《まつえい》に関する戦いである。劉邦が建国した漢は、八年に王莽《おうもう》に乗っ取られて滅亡する。しかし、その儒教精神に則った復古趣味は、実務がさっぱり進まず経済破綻《はたん》をもたらして、各地に反乱が頻発《ひんぱつ》する。

中でも東の琅邪《ろうや》（山東省）で起こった赤眉《せきび》の乱と南の南陽《なんよう》（河南省）で起こった緑林《りょくりん》の乱が、二大勢力として都長安へじわじわと迫ってきた。

「昆陽《こんよう》（河南省）を死守せよとの仰せにもかかわらず、王鳳《おうほう》と王常《おうじょう》は、（王莽の）新軍に降伏を願い出たとか」

二三年、部下の報告に、劉秀《りゅうしゅう》は唇を噛んだ。彼は何日か前、この囲みを十三騎で脱出し、ようやく三千騎ばかり集めて帰ってきたのだ。

「くそっ、あっさり降伏されては、計画が根底から覆《くつが》えされるではないか！」

悔しそうに唇を噛む劉秀は、而立《じりつ》（三十歳）前の青年将軍だ。彼の劉姓は、漢建国の高帝（劉邦）の血統である。劉邦の孫劉啓《りゅうけい》（景帝）の公子（劉発《りゅうはつ》＝武帝の異母兄に当たる）を祖とする南陽劉氏の一族である。

彼もまた、緑林の乱に呼応して立ち上がった一人だ。今回は王莽軍四十万に遭遇して、昆陽に避難したものの、こちらの兵と合わせても一万数千の兵力にしかならず、援軍を呼びに行ったのだ。

それも徒労に帰すと思われたが、次の報告にまたもや呆《あき》れる。

「新軍の将王邑《おうゆう》と王尋《おうじん》が、受け入れなかったそうです」

王莽の新軍四十万は、反乱の急先鋒たる緑林の流れである一万余人を、みせしめのため兵糧攻めで餓死させる腹のようだ。籠城側も包囲側も王姓の将軍同士で、記述は少しややこしいがお付き合い願いたい。

王莽軍が、緑林からの派生軍を必死に叩こうとするのは、彼らが新たに皇帝（更始帝《こうしてい》）を立てたからである。

「王鳳らには悪いが、王莽軍側の判断は勿怪《もっけ》の幸いだ」

劉秀が言うのは、絶体絶命の窮地《きゅうち》に立たされて、王鳳らが必死になるということだ。昆陽城内の士気が落ちなければ、劉秀の策戦は成功する確率が高くなる。

この頃、劉秀の兄劉演《りゅうえん》は、少し離れた宛《えん》（河南省）を攻略中で、昆陽へは兵を割《さ》けない状況だった。もっとも、この際多少の援軍では焼け石に水ではある。また、指揮系統が乱れて、かえって邪魔な場合もある。

普段意地の悪い兄ではあったが、このときばかりは奮戦してくれるよう祈った。

劉秀の敵将（新軍＝王莽軍）の荘尤《そうゆう》は、昆陽での圧倒的な優位があるから、一部宛へ兵を向けるべきと主張した。だが、王莽軍の王邑と王尋は聞き入れなかった。結果として、これが後で彼らにとっての裏目となる。

このような状況で、劉秀は度胸を決めて奇襲するしかないと踏んでいた。そのために必要なのは、士気の高さと一点突破の勢いと、臨機応変の知恵である。

劉秀が見ていると、籠城側の王鳳らは、包囲側の王莽軍を遊撃的に襲って食糧を奪取していた。これには、王邑や王尋らも梃子摺《てこず》ったという。

籠城側必死の奮戦は、包囲側が一切囲みに隙を作らなかったからだ。荘尤はそこを懸念し、わざと逃げ道を開けるようにと進言していた。だが、王邑と王尋は、これも受け入れなかった。劉秀は、もう少し観察してみた。すると多勢を恃《たの》んだ王莽軍には、絶対に負けるわけはないという驕《おご》りと油断が、包囲している態度から散見できた。つまり、まったく警戒していないのだ。

彼らは大軍ゆえに、籠城側の援軍が簡単に近づけまいと、高《たか》を括《くく》っているようすに満ち溢《あふ》れていた。

そこで劉秀らは王莽軍に近寄り、相手を挑発した。それに乗って王邑と王尋らが出撃してきたが、士気の高さで王莽軍をなんなく撃破する。

これを機に劉秀は、攪乱《かくらん》戦法を用いて昆陽城の内外へ大袈裟に吹聴した。

「劉演が宛を落とし、援軍を差し向けてきた」

そして、自ら三千騎を率いて王莽軍の本陣へ突進した。

当然ながら昆陽城内からも士気の高い兵が繰り出され、王莽軍は大混乱に陥った。そうなると、大軍ゆえの収拾のつかなさが露呈して、劉秀ら反乱軍に完膚《かんぷ》無きまでに打ちのめされた。王尋は戦死し、王邑は指揮を放棄して這々《ほうほう》の体《てい》で洛陽に辿《たど》りついた。一緒に帰還できた兵は三千人そこそこだったらしい。

これが、王莽の新が滅亡する契機をつくった昆陽の戦いの全貌である。

かつて、劉邦が油断しきって項羽に負けた事跡に対し、その末裔が雪辱を果たしたことになろうか。

劉秀はこの後、河北の平定を任され、その地で軍事力を貯えた。二五年、西進してきた赤眉軍に更始帝が殺害されると、劉秀が彼らを平定して皇帝の位に即いた。

こうして、後漢が始まるのである。

曹操《そうそう》が絡む官渡の戦い、赤壁の戦い

後漢は二百年ほどつづくが、その末期からが『三国志』の攻防の物語になっていく。この中にも、多勢が無勢に敗北を喫する戦いが幾つかある。

その代表的なものを見ていこう。

一八四年の黄巾《こうきん》の乱で、曹操《そうそう》や劉備《りゅうび》、孫堅《そんけん》ら前半の主役が登場する。その後、汜水関《しすいかん》の戦いを経て武将たちの淘汰《とうた》が始まり、曹操と袁紹《えんしょう》の二大勢力の衝突が前半最大の見せ場を作っていく。

それが、二〇〇年の官渡《かんと》の戦いである。このとき河北に拠点を置く袁紹の数十万の軍勢に対して、中原を支配していた曹操軍は七、八万だった。どう見ても、袁紹の方が有利であった。

官渡の戦いの前哨戦《ぜんしょうせん》として、白馬津《はくばしん》の戦いがある。津とは、渡し船が行き来する港の意で、古来から人々が黄河を渡るのに使っていた場所だ。

袁紹は、顔良《がんりょう》や文醜《ぶんしゅう》を将として、大軍で白馬津から中原を席巻しようとした。だが、曹操は少し上流の延津《えんしん》から逆に河北側へ兵を遣《や》って牽制《けんせい》し、袁紹軍をまんまと二手に分けさせた。

このとき、白馬津へ出張《でば》ったのは、当時曹操の客将《かくしょう》だった関羽《かんう》である。客将とは、外部から招き入れた将軍の意だ。この時点で彼は、劉備の妻甘《かん》夫人とともに、曹操に囚《とら》われていた。だから、甘夫人への厚遇を条件に曹操の部下として働いたのである。白馬津では、先陣を切って渡ってきた顔良《がんりょう》と戦い、その首を刎《は》ねる手柄を立てたのはさすがであった。

曹操は、是が非でも彼を正式な部下に加えたかった。だが、劉備との義兄弟の契りを盾に、関羽は申し出を断っている。そして、戦功への恩賞として、甘夫人を連れて劉備のもとへ帰還することを願い出た。

このとき劉備は、袁紹陣営の客将となっていた。そのような所へ、顔良の首を取った男が帰れば、処刑される危険性が充分あった。それでも、関羽は劉備との信義を全うする。白馬津での行動が、関羽の評判を押しあげている。彼が現代でも商業の神として祀《まつ》られているのは、まさに義に適《かな》った礼節があったからだ。商売の前提は信用とされ、関羽はそれを全うした第一人者とされたのである。

しかし、そう言う割には中国製品に偽物《にせもの》や紛物《まがいもの》、著作権侵害の製品が夥《おびただ》しい。我々日本人は、常に彼らの謳《うた》い文句に詐《いつわ》りありと疑ってかかっている。

にもかかわらず中国人自身は、この現状をさして気にしていない。彼らにとって、理想と現実の間にはギャップは当たり前との観念があるからだ。たとえ、それが故意で犯罪性があると判っていてもである。

さて、袁紹は素直に関羽を受け容れて、このときは度量の深さを示した。

劉備と関羽はもう袁紹軍の中核には入れられず、荊州《けい》（河南省南部と湖北省、湖南省を含んだ当時の行政区分）刺史《しし》（監察官）の劉表《りゅうひょう》への連絡役と曹操軍の後方攪乱《かくらん》を命じられた。

一方、関羽のスカウトを断念した曹操は、本格的に袁紹の攻略を考えるようになった。もともと、関羽一人を味方に付けたところで解決することでもない。

そこで、袁紹側の内情を探るとともに、新兵器を開発した。それは霹靂車《へきれきしゃ》と命名された投石機である。柱を組み、梃子《てこ》の原理で頭大の岩石を敵へ放り投げる装置である。

これは、多勢に対する無勢の武器として、大いに有効であった。だが、数に限りがあることと、移動に迅速《じんそく》さがなく、曹操側としては防戦にしか使えない欠点があった。

後は内情を探った結果であるが、袁紹側の武将や策士たちが持久戦や速攻を口々に唱えて、足並みが大いに乱れていることが判明した。また、袁紹が彼らの献策を上手く聞き入れてやる度量がなく、嫌気が差した何人もの部将が寝返ってきた。

このような状況を巧みに利用して、曹操は籠城で一番課題になる食糧を確保でき、浮き足だった袁紹を河北へ追い払い、やがては拠点の鄴《ぎょう》をも攻略できた。

河北と中原を確保した曹操は、中華の半分以上の人と土地を支配した。次に目指すのは全国の統一である。そこで、最初に侵攻されるのは荊州であった。

二〇八年、その地を攻略した曹操軍は七十万（実際には二十万とも）の軍で南下して、長江左岸の烏林《うりん》に多くの軍船を鎖でつないで浮かべ、敵方を威圧する陣地とした。一方の呉軍や劉備らは、対岸の赤壁《せきへき》から五万程度で対峙《たいじ》する。

低く見積もっても、曹操軍は呉軍と劉備らの四倍である。どう転んでも、呉軍と劉備らに勝ち目はなかった。

ここで、ものを言うのは策である。呉と劉備の側には、諸葛亮《しょかつりょう》という希代《きたい》の策士が付いていた。彼は季節特有の風向きを読み、降伏を装った者らが操《あやつ》る舟に薪を乗せて火攻めを敢行した。

それは図に当たり、曹操軍の軍船は船火事を起こした。そこへ新手の舟が同様の火の塊になって突進していく。曹操の軍船は鎖でつながれていたため逃げられず、どんどん火事が拡がった。こうして曹操は、まだ本格的な戦いの火蓋《ひぶた》を切らぬうちに、形勢を不利にして退却するしかなかった。世に赤壁の戦いと呼び習わしているが、実際に火の手があがったのは、対岸の烏林においてである。

この戦いで、曹操（魏）、孫権（呉）、劉備（蜀）が三つ巴《どもえ》になる三国時代が実質的に幕開きとなるが、魏の国力が、呉と蜀を合わせたよりも大きかった。

邪馬台国《やまたいこく》の卑弥呼《ひみこ》が魏へ使いを寄越《よこ》したのも、適当に選んだのではなく、状況分析していたであろうことは、以上のようなことからも類推できる。

風声鶴唳《ふうせいかくれい》・淝水《ひすい》の戦い

二八〇年に三国を統一したのは晋だが、それも半世紀もせぬ三一七年、都を洛陽から南の建業《けんぎょう》に移した。それは、司馬氏がそれぞれの権力闘争たる八王の乱において、遊牧騎馬の異民族を傭兵として導入したことが原因である。

いわゆる五胡と呼ばれる匈奴《きょうど》、鮮卑《せんぴ》、羌《きょう》、氐《てい》、羯《けつ》の騎馬兵が、河北から中原の平原を走り廻った。そのため、皇帝の一族や貴族が南へ避難して、華中、華南で漢民族の貴族政治が花を咲かせる。それが東晋だ。

一方の華北は遊牧民族が入り乱れて、五胡十六国の時代が始まる。その中から、氐族の苻堅《ふけん》

（暴虐な苻生《ふせい》を倒して皇位に即いた）が自立して前秦《ぜんしん》を発展させる。彼は勢力を拡大させて、三七六年には華北を一旦統一するまでになった。

苻堅は傑物である。彼は容貌にも王者の風格があったとされただけでなく、博学多才で民族融和を図って灌漑《かんがい》施設などを造って農業基盤を整備した。

また、漢民族の文化を取り入れ、官僚機構や法制度を調えて中央集権を強めるなど、考え方も近代的であった。彼にとって不幸だったのは、彼を支えた名宰相で将軍でもあった王猛《おうもう》が、三七五年に急死したことだ。

王猛は、東晋とは決して事を構えるなと遺言しており、側近たちも口を酸っぱくして同じことを言い添えていた。しかし、華北を統一した苻堅には、心に野望が黒雲のように拡がっていたようだ。

武力も経済力も付いた一代の英傑が、長江流域（華中と華南）に拠《よ》る南朝（東晋）を討って中華の統一を成し遂げたいと思うのは、苻堅の人生の流れとして納得できる。

だから、彼は百万と号する大軍（実質五十万程度）で南へ進軍した。守る東晋側は謝石《しやせき》や謝玄《しやげん》で、その勢力は七万（多く見積もっても十万）だった。三八三年、双方は淝水《ひすい》（淮水《わいすい》の支流。安徽省寿県東方）で対峙《たいじ》した。

そこで、東晋の使者が申し入れをする。

「河を渡った所で戦いますので、少し引いてくださいませぬか？」

苻堅は相手が渡りかけたら攻撃しようと、その提案に乗った。そして、後退を命じたところ、大軍は退却と勘違いして止まらない。

「前秦は負けたぞ！」

東晋側の誰かがそう叫ぶと、前秦軍は我勝ちに逃げ出し、味方同士が踏みつけあった。こうして苻堅は完敗したのである。

「風声鶴唳《ふうせいかくれい》」の故事がこの戦いだ。

もう何でもない風の音や鶴の鳴き声をも、敵と思って怯《おび》え恐れる状態を言う。

「幽霊の正体見たり枯れ尾花」にも通じる。要は、気持が萎縮《いしゅく》すると、正確な判断ができなくなるということである。

負けた前秦は当然だが、勝った東晋さえも、これ以降国勢は斜陽になっていき、本格的な南北朝時代に入っていく。

第十六章　毛沢東と習近平——歴史は繰り返す

仕方がなくて毛沢東

一国の、特に高額紙幣には、まさに国家の歴史を象徴する顔が刷られているものだ。中国の場合、過去の国家を代を追って否定しつづけてきた歴史がある。それゆえ、昔の皇帝の肖像画はお札に使いづらかろう。

だから現代では、毛沢東を用いる他ない。

無論、大陸から追放されて台湾で政権を樹立した国民政府には受《う》け容《い》れがたい。もし、どちらかの力で統一がなされた暁《あかつき》には、孫文《そんぶん》が使われると思《おぼ》しい。双方から崇敬を集める有徳の氏は、彼を置いて他にない。

ところでこの毛沢東だが、二十世紀の英傑であるには違いない。それも、かなり運よく成りあがった人物といえる。

彼は湖南《こなん》省湘潭《しょうたん》県韶山《しょうざん》村で農民の三男として生まれている。歴史上、農民出身で皇帝にまで出世したのは、漢の高祖劉邦《りゅうほう》と明の太祖朱元璋《しゅげんしょう》の二人だけだ。それゆえに毛沢東も、彼らと比肩されることが多い。

劉邦の実家は貧農ではなかったようで、末っ子の彼が農業に専念せずともよかったらしい。だから、長じては亭長《ていちょう》（村の若者を束ねる監督官）になっている。そして、村へやってきた資産家の呂公《りょこう》に取り入り、娘の呂稚《りょち》（後の呂后）を娶《めと》っている。

一方、朱元璋は伸《の》しあがっていく過程で、劉邦の行動を真似たようだ。だが、境遇は貧農からさらに没落して乞食も同然という、三人の中で最も悲惨な状況からの出発だった。

それでも紅巾《こうきん》の乱に参加して頭角を現し、実力者だった郭子興《かくしこう》の養女（後の馬皇后）を巧く嫁にしている。このように、有力者と縁故を付ける方法は劉邦に倣《なら》っている。

この二人には、今ひとつの共通点がある。

母劉媼《りゅうおん》が劉邦を妊娠する直前、神に逢った夢を見ている。またそのとき父親は、蛟竜《こうりゅう》が彼女の身に乗っているのを目撃したとされている。

一方朱元璋の母は、夢の中で仙人から赤い玉を授かって懐妊し、朱元璋が生まれたとき、周囲が赤く染まったという。

これらの逸話は典型的な感生帝説《かんせいていせつ》、つまり神仙や龍など高貴な存在から選ばれて、人の上に立つ資格のある大人物が生まれたとする論法である。端的に言えば、近世以前の愚民を騙《だま》す合理的な与太話《よたばなし》とも言える。

このような逸話は、宋の趙匡胤《ちょうきょういん》など他の創草者にもある。しかし、さすがに、近代以降の人物には似つかわしい出生譚《しゅっしょうたん》ではない。したがって毛沢東には、そのような神秘な背景は存在しない。

毛沢東は三男ではあるが二人の兄が夭折《ようせつ》しているため、ほぼ長男として育っている。それは、劉邦や朱元璋とまったく違う境遇に措《お》かれたということだ。特に儒教社会において、長男は次男以下と大きく差別化されてかなりな優遇をうける。

おまけに彼の家は貧農などではなく、成り上がった父毛貽昌《もういしょう》は曲がりなりにも地主であった。それゆえ赤貧《せきひん》洗うがごとく、人生の底辺を這いずり廻った朱元璋とは、かなり育った過程や環境が違う。

ここで、三人の各配偶者を考察しよう。

劉邦の后《きさき》（本妻）は、前述した「悪妻型皇后」の代表格ともいえる呂后であり、朱元璋の方は「良妻型皇后」の馬皇后である。呂后は皇帝本人より長生きして、人彘《じんてい》事件を起こしたが、治世は比較的平和であった。

馬皇后は生前、さまざまな形で夫（朱元璋）を宥《なだ》めて、粛清されかけた功臣たちを助けている。だが、彼女が先に逝《い》くと、彼の暴走が始まることになる。

無論、皇帝は一夫多妻が一般的で、彼らは他にも姫妾を数多《あまた》抱えていた。毛沢東になると一夫多妻を容認される身分でも、それをよしとする時代でもないので、公に姫妾なる存在はない。

彼の初婚は十四歳で、三歳年上の羅一秀《らいっしゅう》であった。だが三年後、彼女は赤痢《せきり》に罹《かか》って死別する。二度目の結婚は十年後（一九二〇年）で、恩師の娘楊開慧《ようかいえ》を娶《めと》った。ここは、前の二人に似ている。だが、後日彼女は国民党軍に誘拐されたうえ、殺害された。

なおも長征時代に賀子珍《がしちん》と一緒になっているが、離婚後は上海の元女優江青《こうせい》と暮らし始める。彼女こそ、生涯の伴侶というべき存在だが、振る舞いは「悪妻型皇后」そのものだ。

共産主義を標榜《ひょうぼう》しているため、前述のとおり正式に姫妾の存在はない。それでも、実際には多くの女性と関係を持ち、幾人かの子供も産ませている。しかし、一切認知をしていない。このようすは、革命以前の皇帝以上に傍若無人である。

このように、妻をとってみても三人はそれぞれの人生を歩んできた。そこで、共通点を見てみよう。それは、国家統一後に行った功臣の粛清である。

劉邦は、項羽との抗争に勝利した後の前二〇二年、周囲から推されて皇帝位に即くと、八人の功臣（異姓）、臧荼《ぞうと》、陳豨《ちんき》、彭越《ほうえつ》、黥布《げいふ》らを八カ国の王として封じた。だが、彼らはことごとく、あらぬ謀反《むほん》の疑いをかけられて攻め滅ぼされている。

つまり、将来の禍根《かこん》を断つための粛清だ。

「狡兎《こうと》死して良狗《りょうく》煮られ、高鳥《こうちょう》尽きて良弓蔵《かく》れる（敵国を破ると武勲を立てた者は、狩《かり》の後の猟犬や弓のごとく不要になる）」

韓信《かんしん》が囚われたとき吐いた呪いの一言に、この本質が言い表されている。つまり、武勲を立てた彼らはかえって危険な存在になるという意だ。

朱元璋も、明を起こして政治体制を固めると、後半生は功臣の粛清に明け暮れた。

いや、元《げん》を追い出して統一していく過程においても、郭子興《かくしこう》が死ぬと、息子の郭天叙《かくてんじょ》や義弟張天佑《ちょうてんゆう》らが戦死しているが、朱元璋が謀殺したとも言われている。

一時は天下を三分するかと思われた陳友諒《ちんゆうりょう》や張士誠《ちょうしせい》を降《くだ》して全国を統一した。これは運だけではなく、功臣たちの武勲があってこそ成った事業である。

ところが朱元璋は、皇太子の朱標《しゅひょう》が性格が優しいため、謀反に巻き込まれぬかと過剰な心配をしたようだ。その懸念は、前述した韓信の台詞《せりふ》どおりである。

まずは胡惟庸《こいよう》が、自分と反りの合わない功臣 劉基《りゅうき》や廖永忠《りょうえいちゅう》を毒殺した（と疑わしい）事件が起こる。その後、胡惟庸が日本や北元と内通したとされる疑獄事件が発覚し、それに連座して官吏が多く処刑された。

「胡惟庸の獄」と呼ばれる騒動は根拠が至って薄弱で、現在では先の毒殺から朱元璋の指示と言われている。だとすれば疑獄事件も、口塞ぎのための捏造《ねつぞう》と考えられよう。

また、それだけでは収まらず、「文字《もんじ》の獄」と呼ばれる粛清がある。これは朱元璋の惨めな過去を揶揄《やゆ》したと思われる文字を使うと処刑されるというものだ。

「禿」、「僧」、「光」は、朱元璋が乞食同然の僧侶だったことを当て擦《こす》っているとされ、「盗」は盗賊紛いのことをしていた皮肉とされた。いや、それだけではなく発音が同じ「道」や、「僧」と発音が近い「生」も、告発の対象とされたのである。

このため功臣の薛祥《せつしょう》も処刑され、後に李文忠《りぶんちゅう》や徐達《じょたつ》も毒殺された。さらには「胡惟庸の獄」が再燃し、犠牲者は数十万人に及んだといわれている。この粛清の数字は、劉邦に比べて圧倒的に多い。

紅衛兵の逆説

一方、毛沢東は共産党軍（紅軍）内で伸《の》しあがっていき、蔣介石《しょうかいせき》の国民党軍と対峙《たいじ》するまでになった。だが、目前の敵である日本軍を追い出すため双方が手を組むと、紅軍は国民党軍の一部に編入された。それが、「国民革命軍第八路軍」である。

この事実は、毛沢東に現実の厳しさを見せつけたことだろう。だが、彼はこれを逆手にとって、第八路軍を後方担当のゲリラ部隊とした。つまり日本軍と最前線で戦うのは、いつも国民党軍だったわけだ。

そんな中、日本軍が南京《ナンキン》を陥落させると、彼は雀躍して快哉《かいさい》を叫んだとされている。

彼はいつも後方に位置し、国民党軍を矢面《やおもて》に立たせたまま、自身は共産党内の張聞天《ちょうぶんてん》ら反対勢力を粛清して勢力の拡大を図った。そして党内の最終決定権を獲得し、終戦直前には毛沢東思想を党規約に盛り込んで、中央委員会主席に就任した。

その後、日本軍はアメリカの物量に押されて敗戦の憂き目を見るが、国民軍の消耗も相当に烈《はげ》しかった。そんな中で漁夫の利を占めたのが、第八路軍（共産軍）だった。

さらに毛沢東は蔣介石の国民党軍との対決を鮮明にし、地主の土地を没収して小作人に分配した。こうして農民層の支持を取り付け、ここぞとばかり蔣介石を台湾へと追い出した。

この辺の策戦のしっかりしたところは、陳平《ちんぺい》や張良《ちょうりょう》を参謀にした劉邦に似ている。こうして中華人民共和国が成立するが、それから毛沢東が辿った道も平坦ではなかった。

当初こそ、富農経済の保護を打ち出した農地改革が成功して、農業生産高も工業生産高も増大した。次に彼が提唱した「穏健で秩序ある」改革は、社会主義への移行だった。

その頃、ソ連ではフルシチョフのスターリン批判が起こった。それに釣られたかのように、毛沢東は中国共産党にたいする内外からの批判を受け容れると表明した。これが「百花斉放百家争鳴《ひゃっかせいほうひゃっかそうめい》」といわれる状況だ。

これに応えて多くの知識人から、共産党独裁に対する批判が溢れ出した。その激しさに毛沢東の見せかけの包容力は、あっという間に破裂する。結果、毛沢東（共産党）は批判者を捕らえて、言論の弾圧に奔《はし》った。

自由な発言を許したのは、結果的に異分子を摘発する餌《えさ》であった。これにて、少なくとも五十万人が拘束されている。この政府側の態度は、自由主義陣営とまったく相容れない政策で、連綿と現在にまでつながっている。

毛沢東は頑《かたく》なに、ソ連型社会主義をモデルとした第一次五カ年計画をはじめ、農業の集団化などを取り入れる政策を推し進めた。だが、そこで歯車が嚙《か》み合わなくなっていく。

大躍進政策で鉄の増産を謳《うた》ったが、人海戦術を重視した旧式な製鉄技術のため、使い物にならない屑鉄《くずてつ》ばかりが大量に生産された。

また農場では、多く働いても適当に手を抜いても収入が同じになった。これなら人は易《やす》きに流れ、だんだん働かなくなる。したがって農業生産高は著しく減り、一九五〇年代後半には、二千万人から五千万人が餓死する状況を作りだした。

これらは明らかに毛沢東の工業と農業の失策で、ヒトラーやスターリンに模して「世界三大殺戮者」と呼ばれた。加えてその地位も落ち、主席の座は劉少奇《りゅうしょうき》や鄧小平《とうしょうへい》に譲った。

毛沢東は盧山《ろざん》会議で彭徳懐《ほうとくかい》から大躍進政策の見直しを迫られたが、彼を日和見《ひよりみ》として左遷した。だが、劉少奇と鄧小平らが政権を担当して経済を立て直し、農業の集団化を改革すると、飢餓状態は解消していった。

これで党内における毛沢東の評価はますます落ちる。そこで毛沢東は林彪《りんぴょう》の協力の下、捲土《けんど》重来《ちょうらい》（巻き返し）を図る。その手足として使ったのが、悪名高い紅衛兵であった。

当時国防部長だった林彪がしたことは、『毛沢東語録』の出版であった。毛沢東の悪評は政権内に留まっていて、一般大衆の特に青少年の間では、まだまだ英雄視されていた。

そこへ彼の発言集が出て、それは飛ぶような勢いで広まっていった。これを読んだ青少年は、彼を神格化するまでになっていく。

「文化大革命」と呼ばれる一連の騒動は、『海瑞罷官《かいずいひかん》』なる演劇の、学生らによる批判から始まったとされる。

これは循吏《じゅんり》（民に寄り添う心温かな役人）の海瑞が、悪徳官僚から土地を取りあげられた農民のため活躍するが、冤罪《えんざい》のため中央から罷免される単純明快な勧善懲悪《かんぜんちょうあく》劇である。

ここで問題になったのは、循吏の海瑞を湖南省第一書記だった周小舟《しゅうしょうしゅう》に模していることだった。彼は毛沢東の大躍進政策に反対して、独自の農業政策を実施した。お蔭で湖南省は飢餓と無縁だった。このことは、彭徳懐が毛沢東の大躍進政策を批判したことにつながる。それゆえ、毛沢東は息の掛かった筋に働きかけ、北京大学の学生に大字報（壁新聞）に「『海瑞罷官』はプロレタリア独裁と社会主義に反する毒草《どくそう》」との批判を掲載させたのだ。これを契機に、学生を中心にした青少年が教育、文化の政府機関や党中央にまで批判を浴びせるようになった。

彼らは自らを「紅衛兵」と呼び、やがて各地の学校や官庁などで暴動を引き起こしていった。この無法とも言える行動に、「造反有理《ぞうはんゆうり》（反抗するには、それなりの理由がある）」のお墨付きを与えたのが毛沢東である。

彼らは、すべての既成価値を否定するところから行動を始めた。したがって、君臣長幼などの儒教概念や公序良俗も、これまでの社会が是とするものに疑問を呈したのだ。

それは一見、二十世紀初頭の芸術活動のダダイズムに似ているが、行動の及ぶ範囲が人間の現実生活の破壊や命を奪う行為にまで至り、まったく非なるものである。

彼らは美術的価値のある文化財や歴史的価値のある建造物まで対象にし、さらに社会的概念までをも、すべて打ち壊し始めたのである。エネルギーの捌《は》け口を与えられた若い彼らは、嬉々としてその行動に励んだ。このようすは、毛沢東が望む以上に過激だった。

彼は五年ばかりかけて復権するつもりだったろうが、事態は急速に進んでいく。紅衛兵らによる、政府要人の批判は中南海にも及んで、劉少奇は屋敷から引き摺《ず》り出され、吊し上げの憂き目を見たうえ失脚させられた。

これに似た光景は北京の随所で見られ、要職にあった者らは三角錐の帽子を被《かぶ》せられて自己批判（反省）を迫られていた。いや、それだけではなく、殴る蹴る倒すの暴行を加えられ、殺害されることも希ではなかった。

これは、西洋中世の魔女狩りに似ている。

毛沢東は、政界のトップに復帰できると御満悦だった。だが、事態は思わぬ方向へ展開する。それは、紅衛兵同士の内紛だった。

もともと、紅五類《こうごるい》（革命幹部、革命軍人、革命烈士、工人、農民らと家族）が黒五類《こくごるい》（地主、富農、反革命分子、破壊分子、右派とその家族）を労働者階級の敵と見なし、湖南道県虐殺や北京大興虐殺などを起こしていた。

これに倣《なら》ったのがポルポト政権で、無教養な者がインテリ層を何百万人も殺害し、現在も文化文明が立ち遅れている遠因を作った。

さて、紅衛兵運動もある段階まで来ると、今度は紅五類の指導権争いに変化していった。それは日本の全共闘運動が、浅間山荘事件や山岳ベース事件になったことと重なる。だが、死者の数が桁違《けたちが》いである。

もうここまで来ると、毛沢東にも手が付けられない事態となっていたのだ。

当時、紅衛兵だった人のインタビューを聞くと、「あれは悪夢のような思い出だが、一生懸命だったことは判って欲しい」と口を揃える。しかし、その行為がいかに教育と文化を停滞させたかは、まったく解っていなかった。

日本批判をやめぬわけ

困った毛沢東は、彼らに「青少年は農村から学ぶ必要がある」として、地方（奥地）へ行くことを奨励した。これが上山下郷運動、一般的には下放《かほう》と呼ばれるものである。

裏側から眺めれば、紅衛兵を持て余した毛沢東が、用済みとなった彼らを流刑に処したとも言えよう。

このような犠牲者の一人に、実は習近平《しゅうきんぺい》も入っていたのだ。彼の父習仲勲《しゅうちゅうくん》は、紅衛兵に批判された一人だった。それゆえに、彼も陝西《せんせい》省延安《えんあん》市延川《えんせん》県に下放された経験がある。だが、これまで述べた劉邦や朱元璋、毛沢東など草創期の主導者とはまったく違い、太子党《たいしとう》（共産党高級幹部の子弟で、生まれながらに特権を持つ人を総称するマスコミ用語）の出身者である。

富裕者ゆえに文化大革命では辛酸を嘗《な》めたものの、復権を果たした後は、特権階級の親の七光りの恩恵に浴している。

太子党同士は、利権の関係からネットワークがある。そして共産党政権を揺るがすような政治改革には消極的な対応をする。

だから、一九八九年の天安門事件では、文化大革命の記憶が脳裏を掠めて、きっと胆を冷やしたことだろう。当時の政権が徹底的に弾圧して、数千人（はっきりした数字は確定していない）を殺害したのも同じ理由からだ。当時の政権担当者が、片っ端から吊し上げを喰らった悍《おぞ》ましい記憶が蘇《よみがえ》ったのだろう。

だとすれば政権担当者は、毛沢東をどのように評価しているのかが気になる。彼らは建国の父を足蹴にできないからだ。

毛沢東が逝去した一九七六年九月から一月後、江青をはじめとした四人組が逮捕された。そ

流血の歴史を眺めてきた、紫禁城の正門だった天安門（nakanaka/PIXTA）

れと同時に鄧小平が復権して、文化大革命を総括する。

「四人組粉砕をもって、文化大革命は勝利のうちに終結した」

明らかに奇妙な宣言だ。文化大革命の暗部は四人組がしでかしたことで、毛沢東の理念は正しかったというわけだ。これは、どこまでも毛沢東を悪者にできない中国共産党のお家事情である。だが、他国のことだからと、我々日本はこれを笑って済ませられない。

文化大革命も天安門事件も、中国共産党は自国民に真相を明らかにしない。また、ネット上の表記も削除して、見られないようにしている。それは、政権にとって不都合なことだらけだからだ。それゆえ、歴史といえば日本軍侵略に特化して、話を擦り替えてしまう。

南京大虐殺を過大に表現して、ユネスコの記憶遺産に登録したのもその一環だ。確かに日中戦争当時の日本軍部は、感心できたものではない。だが、反日教育で自国の恥部を隠蔽《いんぺい》するのは筋違いである。

最近の中国の経済成長は、確かに目を見張る。国家元首の習近平が、アメリカを訪問して飛行機三百機を購入したことで、その力を内外に知らしめた。しかし、太子党の御曹司にしては、やや品位に欠けるパフォーマンスとの批判もある。

中国富裕層が日本に押しかけて爆買いしていく姿は、もう見慣れた光景になっている。日本にはありがたい現象だが、どこか彼らを冷えた目で見てしまう。

「中国は電気製品だけでなく、日用品にも良品がないのか?」

いや、それだけではなく、二十数年前のバブル時代に、パリでルイ・ヴィトンやアラミスを根刮《ねこそ》ぎ買い漁《あさ》った日本人を思い起こすからかもしれない。

「おまえら猿のようなやつらが、こんな高級品を持って、使い方が解るのか!」

フランス語が解らぬと思った売子は、侮蔑的な暴言を吐きながら接客していた。だが、さすがに日本の店員は中国人に、日本語でこのような失礼な態度は取らない。

それは心の奥底で、漢方薬などかつて教えを乞うたことへの感謝の念があるからだ。両国の友好は、気持一つで成り立つと思うが、それは何かを水に流して始まるだろう。

あとがき

ひと頃は、連日デング熱騒動でマスコミが非常に喧《かまびす》しかった。一筋縞蚊《ひとすじしまか》が媒介する疾病は、人から人への感染がないのが唯一救いだったような気がする。笑い話に近くて恐縮だが、この病名を「天狗熱《てんぐねつ》」と信じて疑わなかった知人がいる。

もっとも、語源のスペイン語「デング」が「引き攣《つ》った、気取った、伊達な」であるなら、「得意になっている」の「天狗」とも相通じており、必ずしも間違いではないように思ってしまうから不思議だ。

この際いっそのこと、日本語表記は「天狗熱」でもいいではないか。しかし、ここまで言うとあまりにも強引と誹《そし》りを受けよう。

ところで、本書のタイトル名「あくのこうていろん」の音読を聞いて、「悪の肯定論」と思い浮かべた友人が何人かいた。内容に即すれば、これも決して間違ってはいない。

実力者が率先して国家的事業を推進しようとすれば、それまでの秩序が乱される。それを独断で強引に改革すれば、必ず暴君のごとき「悪」と評される一面が出てくる。日本においても、平清盛、源頼朝、足利尊氏、織田信長、豊臣秀吉など、皆が皆暴君としての資質を十二分に発揮している。

そこには必ず既得権者と呼ばれる犠牲者が、かなり多く出るものだ。だが、乱世の終結や政治的な統一、経済の活発化など大きなプラス作用もあったはずだ。

本書は、その部分を「肯定」すると受け取られたことになる。確かに、そのような側面がないわけではない。また、今回登場するのは、必ずしも血の臭いがする国家元首や武将ばかりではない。

小説の場合はこれまでの定説とは違った側面に光を当てて、主人公を別の観点から浮かび上がらせる手法をよく取る。歴史的な物事は多面的に捉《とら》えねば、真の姿が判《わか》りにくくなるからだ。

筆者が中国史を扱うのは、一つの場所で連続する長さにある。そこには、ほとんどのテーマが詰まっているからだ。しかも、現代はさておき、日本人は遣唐使などを通じて中国の古典に一定のリスペクトがある。だから、中学校や高校でも世界史の中に中国史を据えてあり、得手不得手は別にして、漢文や唐詩も勉強するのだ。

もっとも、古代の中国人（漢人）と今の中国人には、精神文化に大きな隔たりがあることも事実だ。それは北方の遊牧騎馬民族との交戦が大きく影響しているからだ。支配したりされたりの関係で、文化面でもかなりな混合があったろう。

そこはよくも悪くも、島国で単独の歴史を育《はぐく》んできた日本とは大いに違おう。

一方、『論語』は科挙《かきょ》の出題科目であるから、古代から連綿と読み継がれてはきた。だが、それは及第するためだけの勉学で、その精神を実践しようなどという中国人は、現代ではほとんどいないようだ。

無論、それを非難するつもりはない。そこには、それぞれの事情を背負ったお国柄というものであろうから。

今回は中国史をアトランダムに、さまざまな主題から、それにそぐう人物を選び出してみた。お馴染みの人物から、あまり有名でない者たちまで、それぞれの立場で選び出されているので、また別の興味を持っていただけるものと思える。

そしてまた、できるだけ人物や事件が重複しないように心がけたつもりだが、物によってはクロスしている場合もある。そこは違った観点からの考察ということで、平に御容赦願いたい。

今回は十六章から編成されている。

各章の中身は、ほぼ時代順に執筆しているが、章の順番は必ずしも時代順ではない。また、取り扱うべきだったテーマも他に色々あることだろう。

例えば、発明発見、憎悪、裏切り、残虐、異民族、毒薬など、挙げれば切りがないほどだ。これらは、後日稿を改めて執筆してみたい題材である。

今回もまた、さまざまな人々のお世話になった。ヒカルランドの本間肇、編集者の加藤淳、装幀者の渡邉民人（タイプフェイス）、この三氏にはこの場を借りて、心から御礼を申しあげる次第である。

二〇一五年　晩　秋

花見川が見える書斎にて　筆　者

中国年表

神話・伝説の時代		前2000年頃	夏成立
殷		前1600年頃	殷（商）成立
		前1027年頃	周の武王、殷の紂王を滅ぼす
西周		前1027年頃	武王、即位し周建国
		前771年	幽王殺され、西周滅亡
東周	春秋時代	前770年頃	平王、周を復興
		前651年	斉の恒公、覇を唱える
		前632年	晋の文公、覇を唱える
		前551年	孔子生まれる（〜479）
		前473年	越王勾践、呉王夫差を滅ぼす
		前451年	晋が韓・趙・魏の三国に分裂する
	戦国時代	前256年	秦の昭襄王、東周を滅ぼす
秦		前221年	秦の始皇帝、天下を統一し、戦国時代が終わる
		前210年	始皇帝が東方巡行中に死去する
		前206年	秦王朝が滅亡。楚漢戦争始まる（〜202）
前漢		前202年	劉邦、項羽を滅ぼし即位、前漢建国
		前195年	劉邦没し、呂后が実権を握る
		前141年	劉徹（武帝）が即位
		前91年	巫蠱の乱起こる

新		８年	王莽、前漢を滅ぼし即位、新建国
		２３年	王莽、討たれて新が滅亡する
後漢		２５年	劉秀（光武帝）、が即位し後漢建国
		１８４年	黄巾の乱起こる
		２００年	曹操、官渡の戦いで袁紹を破り、河北制圧
		２０８年	曹操、赤壁の戦いで孫権・劉備の連合軍に敗北
		２１４年	劉備、蜀を制圧
三国時代		２２０年	曹丕、後漢を滅ぼし即位、魏建国
		２２１年	劉備、蜀を建国
		２２２年	孫権、呉を建国
		２６５年	司馬炎（武帝）、魏を滅ぼし即位、西晋建国
五胡十六国時代	西晋	２８０年	呉が滅亡。西晋、天下統一
		２９１年	八王の乱起こる（〜３０６）
		３０４年	匈奴など五胡（北方五族）が侵入し、次々と十六国をつくる
		３１６年	西晋滅び、漢（匈奴族）建国
	東晋	３１７年	司馬睿（元帝）、建康で即位し、東晋建国
		４２０年	東晋滅び、宋建国
南北朝時代		４３９年	北魏、長江以北を統一。南の宋とともに南北朝時代へ
		４７９年	南朝の宋が滅び、斉建国
		５８１年	楊堅（文帝）、北周を滅ぼし隋建国

隋	５８９年	隋、陳を滅ぼし天下統一
	６０４年	煬帝、父文帝を殺害し即位
	６０７年	聖徳太子、小野妹子を隋に派遣
唐	６１８年	煬帝殺され、隋滅ぶ。李淵（高祖）、唐を建国し即位
	６２６年	李世民（太宗）、即位。貞観の治が始まる
	６９０年	則天武后が帝位に即き、国号を周とする
	７５５年	安史の乱起こる。蜀に逃れる途中、楊貴妃殺される
	８７５年	黄巣の乱起こる
五代十国時代	９０７年	唐が滅び、後梁建国。以後、五代（華北王朝）と十の小国が興亡
	９１６年	契丹族、遼を建国
北宋	９６０年	趙匡胤（太祖）、北宋を建国
	１０６９年	王安石の改革始まる
北宋／金	１１１５年	女真族、金建国
	１１２６年	靖康の変により、北宋滅亡
南宋／金	１１２７年	亡命政権である南宋が建国
	１２０６年	チンギス・ハン、蒙古統一
	１２３４年	南宋と蒙古、金を挟撃し滅ぼす
南宋	１２７１年	フビライ・ハン、国号を元と定める
元	１２７９年	フビライ、南宋を滅ぼし天下統一
	１３５１年	紅巾の乱起こる

明	１３６８年	朱元璋（洪武帝）、元を滅ぼし明建国
	１４４９年	土木の変起こる
	１６１６年	ヌルハチ、後金を建国
清	１６４４年	明王朝滅亡。清朝が北京へ入城
	１８４０年	アヘン戦争起こる
	１８５０年	太平天国の乱起こる（〜６４）
	１８６１年	西太后、権力を掌握する
	１８９５年	日清戦争で清が敗北
	１９１１年	辛亥革命起こる
中華民国	１９１２年	清が滅び、中華民国建国
	１９３１年	満州事変起こる
	１９３７年	盧溝橋事件、日中戦争始まる
	１９４１年	太平洋戦争に突入
	１９４５年	日本降伏。中国内戦が始まる
中華人民共和国	１９４９年	中華人民共和国が成立。毛沢東、国家主席に
	１９６６年	文化大革命起こる（〜７７）
	１９８９年	天安門事件起こる
	２０１３年	習近平、第七代国家主席に就任

[略歴]

塚本青史（つかもと・せいし）

1949年4月、倉敷生まれ。大坂で育つ。同志社大学卒業後、印刷会社に勤務しながらイラストレーターとしても活躍。78年及び81年の『年鑑日本のイラストレーション』（講談社）に作品の掲載がある。89年、小説推理新人賞（双葉社主催）の最終候補となり、小説家に転向。96年、『霍去病《かくきょへい》』（河出書房新社）が一躍注目を浴び、文壇にデビューする。以後『呂后《りょごう》』（講談社）、『項羽』（集英社）など意欲作を発表。また、2006年からは、ファンと行く中国旅行を毎年敢行している。12年、『煬帝』（日本経済新聞出版社）で第1回歴史時代作家クラブ賞作品賞を、14年、『サテライト三国志』（日経BP社）で第2回野村胡堂文学賞を受賞する。父塚本邦雄が主宰していた短歌結社『玲瓏《れいろう》』の発行人も兼務している関係で、『短歌研究』（短歌研究社）にエッセイの連載もしている。

編集協力／加藤淳
カバー写真／TAKENORI IIZUKA/SEBUNPHOTO/amanaimages

悪の中国皇帝論

2016年1月1日　　第1刷発行

著　者　塚本青史
発行者　唐津 隆
発行所　株式会社ビジネス社
〒162-0805　東京都新宿区矢来町114番地 神楽坂高橋ビル5F
電話　03(5227)1602　FAX　03(5227)1603
http://www.business-sha.co.jp
〈装幀〉渡邊民人（タイプフェイス）〈本文組版〉メディアタブレット
〈印刷・製本〉中央精版印刷株式会社
〈編集担当〉本間肇　〈営業担当〉山口健志

©Seishi Tsukamoto 2016 Printed in Japan
乱丁、落丁本はお取りかえいたします。
ISBN978-4-8284-1860-5

ビジネス社の本

米中韓が仕掛ける「歴史戦」

世界史へ貢献した日本を見よ

黄文雄……著

定価　本体１４００円＋税

ISBN978-4-8284-1816-2

慰安婦、パールハーバー、南京大虐殺、韓国併合、靖国参拝…、日本への歴史攻撃は世界の悪逆卑劣な歴史と比較すれば完全に論破できる。世界史においても先進国であった日本を浮かび上がらせ、攻撃国を永久に黙らせる！

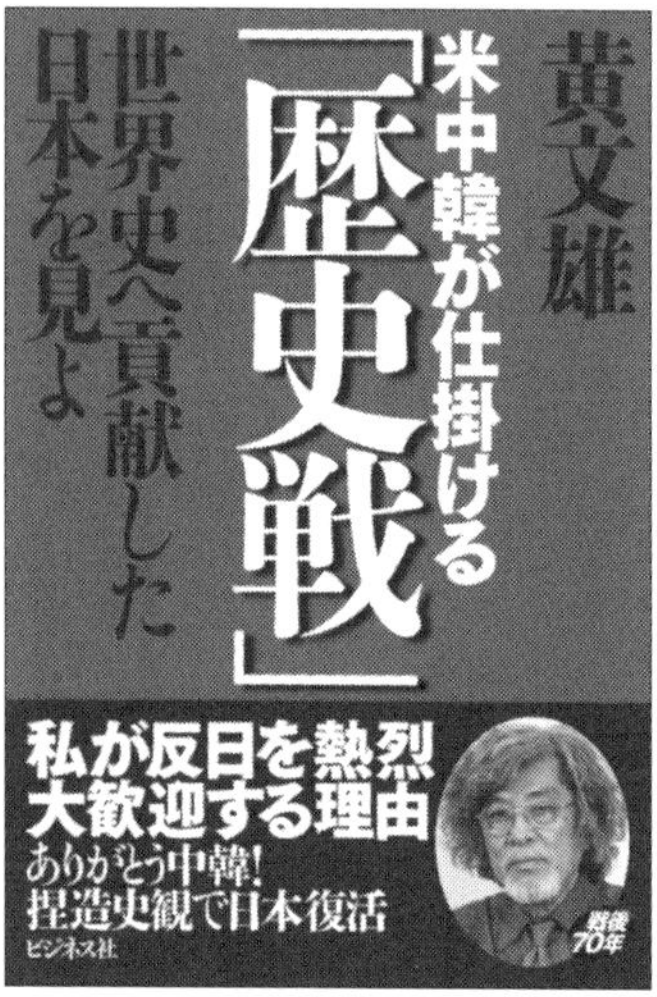

本書の内容

序　章　日本文明は日本人の穂刈
第1章　戦後日本人を呪縛する歴史認識
第2章　世界史と比べればよくわかる歴史
第3章　曲解される日本近現代史
第4章　二一世紀の日本の国のかたち
終　章　日本人の歴史貢献を見よ

ビジネス社の本

断末魔の中国経済
韓国・台湾まとめて無理心中！

黄文雄……著

定価　本体１３００円＋税
ISBN978-4-8284-1846-9

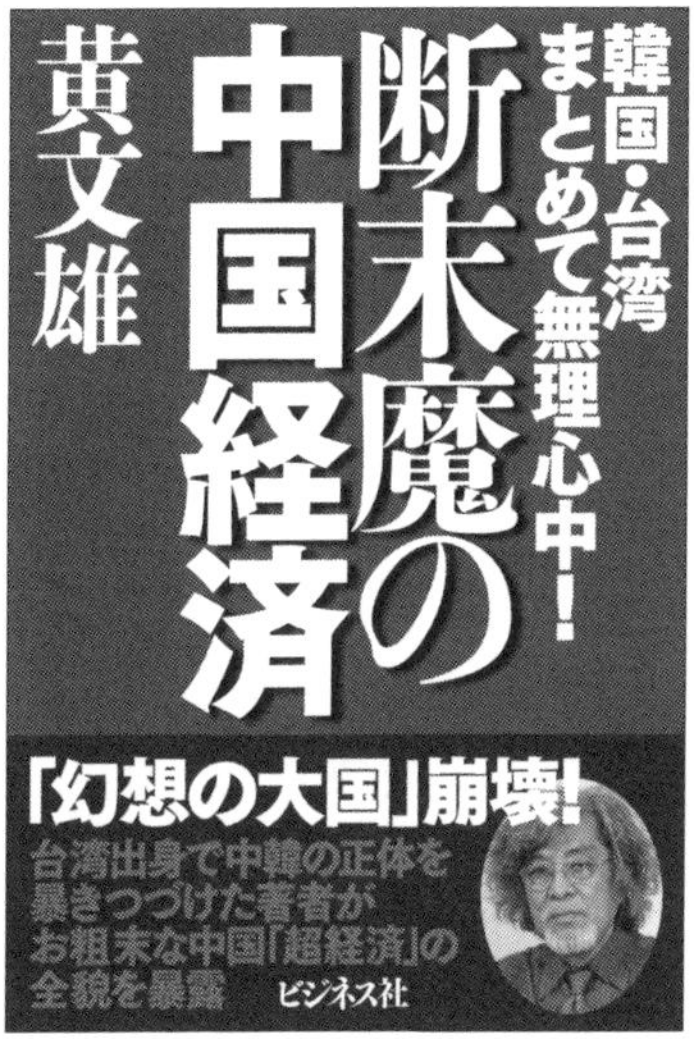

「幻想の大国」崩壊！
台湾出身で中韓の正体を暴き続けた著者が
お粗末な中国「超経済」の全貌を暴露する！

本書の内容
序　章　非常識の常識を知るまえに
第１章　断末魔を迎えた中国経済
第２章　中国と奈落に落ちる台湾経済
第３章　中国と心中覚悟の韓国経済
第４章　世の中で生き残りをかける中国経済
終　章　いま問われる日本の生きざま

ビジネス社の本

ヤバイほどおもしろ楽しい台湾見聞録

渡邉哲也……著

定価　本体1000円＋税
ISBN978-4-8284-1789-9

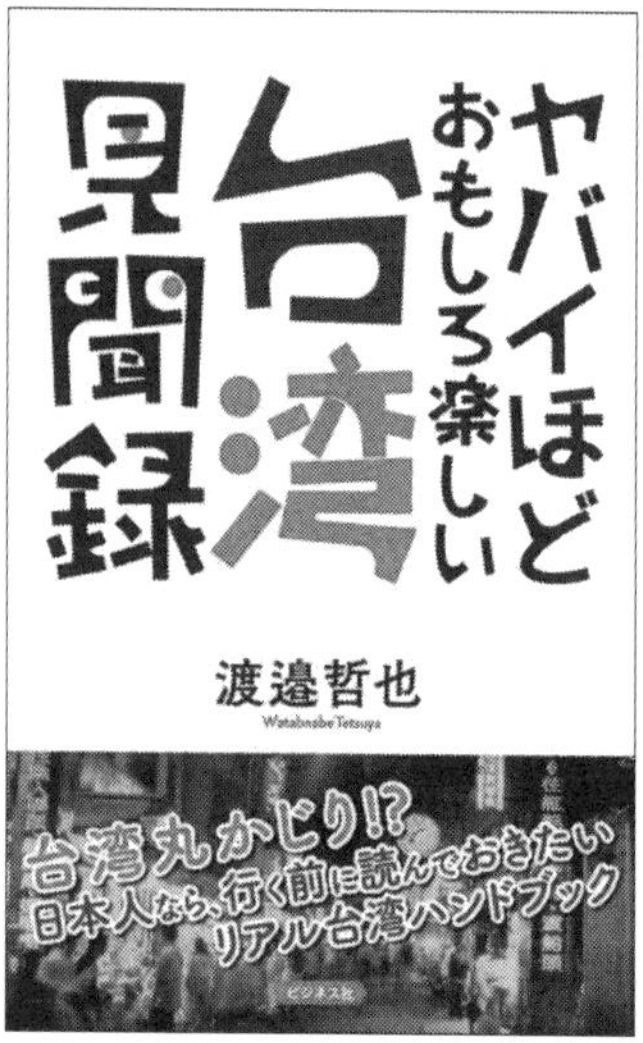

これ1冊で台湾のすべてがわかる!

日本人なら、行く前に読んでおきたいリアル台湾ハンドブック。これまでとは一味違った視点から台湾の表層だけでなく深層までを紹介した台湾観光協会も推薦する、〝病み付き〟になること間違いなしの台湾丸かじりガイドブック。

本書の内容

第1章　日本人ならここへ行くべき
第2章　台湾とはどういう国なのか
第3章　台湾の最先端情報
第4章　日本にとって台湾はどれほど重要か
第5章　歴史秘話　日台断交

ビジネス社の本

余命半年の中国経済

これから中国はどうなるのか

渡邉哲也……著

定価　本体1300円＋税

ISBN978-4-8284-1845-2

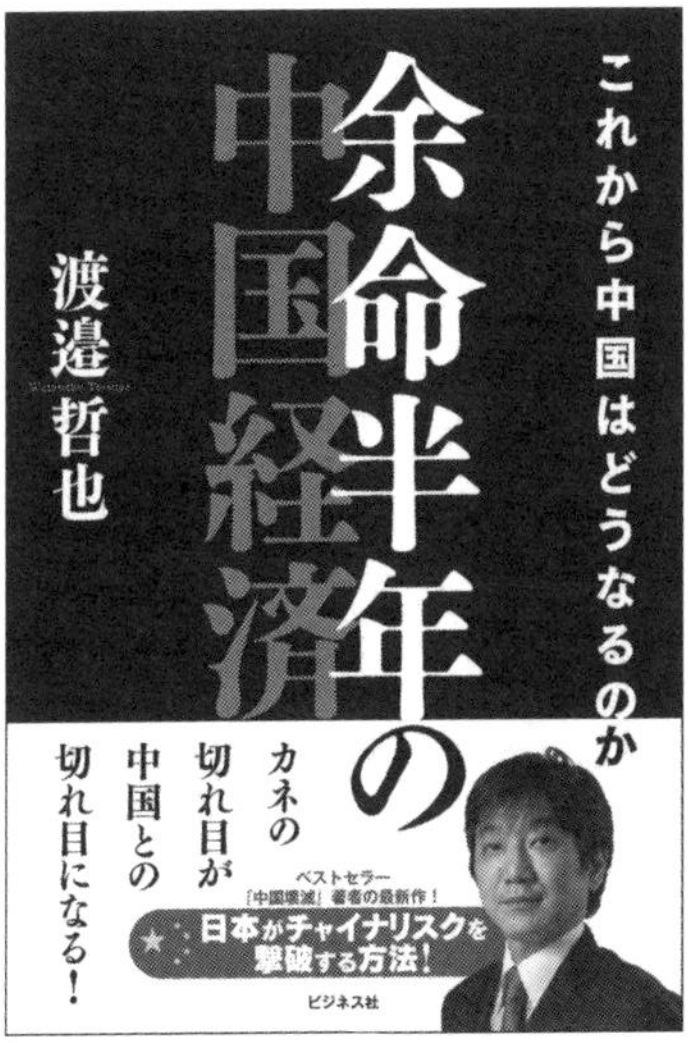

カネの切れ目が中国との切れ目！

これから「もっと」スゴイことになる中国経済！天津の大爆発、金融政策、ドイツとの関係、日本企業の撤退と、多くの問題を抱える中国の経済を追う！

本書の内容

ビジネス社の本

中国壊死
百年変わらない腐敗の末路

宮崎正弘・宮脇淳子……著

ゾンビ化する中国!?

転んでもただでは起きない嫌われ者の中国人が雪崩込む！　漢字支配と歴史捏造の恐怖…　いやでも中国人と戦う時代がやってきた！

本書の内容

第1章　強盗国家の常識
第2章　漢字支配と歴史捏造の実態
第3章　中国を動かす客家コネクション
第4章　中国は大分裂するのか
第5章　「習王朝」権力闘争の行方
第6章　経済大崩壊の末路
第7章　いやでも中国人と戦う時代

定価　本体1100円＋税
ISBN978-4-8284-1851-3